其實我可以很快樂

洛小喬

目錄CONTENTS

Chpter 2

Chpter 3

尋找愛與自信

前言

人生中最重要的事情，莫過於讓自己快樂和滿足。

關於人生的意義，每個人都有自己的想法和答案，人生最重要的是甚麼？

我的答案是：**快樂**。

不知從何時開始，人們往往喜歡把快樂的定義建立在成功與物質的基礎上，使快樂變得越來越難以捉摸，總是要確定自己的慾望得以滿足才能獲得快樂。而這種快樂，其實是一種自我麻醉的情緒狀態、自我實現的膨脹感，當人們選擇把快樂建立在一定的基礎條件上，就等同增加了獲得快樂的難度。

事實上，快樂沒有標準答案，更沒有那麼多框框條條。我們經歷了歲月的洗禮，才越發覺得快樂對人生的重要性，即使平淡如水的生活也能成爲一種快樂，一切取決於我們的心態，而前提是快樂必須是發自內心，能在生命中遇到喜歡的人、選擇喜歡的工作、吃上喜歡的美食、做各種取悅自己的事情，這本身就是一種快樂、一件值得慶幸的事情。

過好現在，不要爲過去與未來煩惱。

我承認自己曾經是個很執著的人，不管是對過去還是未來，都有著一份打破沙鍋問到底的觀念，無論做任何事情都想要追求完美，不想給自己留有遺憾。慢慢這份執著演變成一種生活態度，總是覺得自己表現不夠好，總是自我懷疑、自我責備，負面情緒時常在心中蔓延。我想告訴你，這樣的人生眞的很累。

很多時候，我們會對過去所發生的事情抱有遺憾，總是對過去執著不放、耿耿於懷，或是把快樂的定義建立在追逐未來的道路上，結果最後還是徒勞無功。與其糾結於那些無法掌控的部分，不如把注意力集中在自己真正在乎的人事物上。

每個人都盼望過上幸福美滿、無憂無慮的生活，事實上，我們每天都要承受著各種生活壓力、經濟負擔和複雜的人際關係，這些都把我們壓得喘不過氣，但無論你要的是甚麼，選擇權都在自己手上。不管昨天經歷了怎樣的風雨，明天的太陽還是會正常升起，日子總得繼續，不負時光、不負年華，便是對生活最好的回應。

†・†・†・†・†・†・†・†・†・†・†・†・†・†・

真正快樂的關鍵，就是擁有明確的目標，懂得爭取並且知道自己想要甚麼。

不要把自己的快樂寄託在別人身上。

經常聽到有人說：「女人混得好，不如嫁得好。」與其自己打拼賺錢那麼辛苦，不如多花時間好好經營愛情，找個條件好，有實力的人結婚生子，爲何一定要過得那麼累。

女人最錯誤的決定，就是放棄獨立自強的能力，想著依賴別人過生活，沒有任何人能保證永遠成爲我們的依賴，只有自己才是那個最可靠的人。不要把自己的快樂寄託在別人身上，要把主導權掌握在自己手裡，當快樂的泉源來自於自己，就能成爲自己生存的底氣。

幸福快樂不在於他人，而是在於自己的內心，與其期待別人帶來幸福，不如把內心變得強大。

喜歡的東西，自己買。
想去的地方，自己去。
想要的幸福，自己給。

Chpter 1

你的人生態度，決定你的幸福指數

你的快樂沒有人可以取代

艾爾文的一句經典語錄：「人不是因生活變好而快樂，是因爲你先快樂了，生活才變好。」

†·†·†·†·†·†·†·†·†·†·†·†·†·†·

選擇讓自己舒服的生活方式。

每個人對於快樂的定義都有所不同，不要勉強融入別人的世界，總是活在別人的標準底下，我們要選擇以自己舒服的方式生活，才能眞正體會快樂。不喜歡穿著累人的高跟鞋，就帥氣地丟掉，換上喜歡的平底鞋，一樣能舒服地走下去，一個最好的生活狀態，是能夠不活在別人的世界裡，眞正以自己想要的方式過日子，只要自己滿意就好，因爲人生終究需要自己去體驗。

我的前同事T是個生活非常節儉的人，整個夏天裡，我只看她穿過兩件衣服，每天午餐只吃泡麵，一頂六十元的帽子都捨不得給自己買，但她對她的小孩卻很大方，給小孩穿的衣服都是名牌，吃的都是空運進口的日本水果，給小孩上最貴的興趣班。對T來說小孩的快樂勝過自己的一切，但如果一個人連自己都顧不好，又憑甚麼給別人創造快樂。

我有佩戴飾品的習慣，有一次她問我：「你那些飾品看起來不便宜吧，你怎麼會捨得給自己買？你不覺得買這些很浪費嗎？」

價値觀這種東西很主觀，就像有的人喜歡把錢灑在出國旅遊上，有的人喜歡購買名牌精品，有的人喜歡享受美食，以上種種都是能爲我們帶來快樂，只是每個人的想法定義不一樣，那憑甚麼認爲別人是在浪費呢。

這世上沒有人有義務讓你快樂，只要是在能力範圍以內，給自己享受更好的生活品質有何不妥？如果連自己都不好好對待自己，那麼辛苦生活還有甚麼意義。

楊絳先生說：「一個女人最重要的能力，不是你把自己打扮得多麼漂亮，也不是你賺錢有多麼厲害，而是無論發生任何事情，你都有快樂起來的能力。」

當你擁有這種能力的時候，不管處於多麼糟糕的環境，哪怕生活只剩下一地雞毛，你也能以積極樂觀的心態去面對。一個人快樂與否，取決於自身內在的心態，而不是物質的擁有。

另一位朋友C，他幾乎把每月薪水的九成都存進銀行，然後每天過著省吃儉用的日子。每當C看到身邊有朋友去吃豪華大餐或出國旅遊時，他總是以一副陰陽怪氣的口吻調侃道：「真好，又可以出去玩了！我沒有這種命，還得存錢呢！」

我問C存錢的目的是爲何，他回答是爲了給自己老了以後買保健品的，我問這個問題時，他才三十歲。

其實，大部分影響我們快樂的，不是現實而是心態，從心理學的認知行爲治療來說，我們不要把注意力留在無法改變的過去和無法控制的未來，要專注於現在，把重心放在目前的生活上，努力把每一天過好。很多時候，我們的不快樂是因爲沒有找到能讓自己快樂的根源，只要找到自己渴望的目標，然後努力去實踐，就能輕鬆感到滿足和愉悅。

快樂，從寵愛自己開始。

平日生活裡，我每天都會給自己安排一個小確幸，吃上一塊美味的蛋糕，或者看一部喜歡的電影，在日復一日的枯燥生活中，這樣的小確幸能爲我補充奮鬥的養分。我也喜歡定期跟家人朋友相約到漂亮的餐廳喝下午茶，在舒適的環境和愉悅的氛圍底下與好友暢談一番，會定期給自己買些精緻小禮物，也會給自己來個說走就走的小旅行，然後充滿期待地計劃著行程，用各種方法讓自己開心。

†・†・†・†・†・†・†・†・†・†・†・†・†・†・

愛自己是生活中最好的療癒，當你學會如何寵愛自己，快樂其實可以很簡單，人生中最重要的事情，莫過於讓自己快樂和滿足。

不必將就

生活可以平淡，但是不能將就。

我很喜歡電視劇《三十而已》中的一段經典台詞：「三十歲之前看數量，三十歲之後看質量，儀式感是沒有放棄自己最好的證明。」

善待自己，是一項提升生活品質的能力，取決於一個人對經營生活的態度，既要有面對好事的心態，也要有解決壞事的能力，不管生活再艱難，都能依靠自己努力以赴，一定能擁有一個不必將就的人生。我更願意把生活過成想要的樣子，在漫長的人生旅途中，不致於被消磨殆盡、也不必將就過日子。

寵愛自己，善待自己，把生活的每一個細節變得精緻，讓每一個瞬間都過得充滿驚喜。

有一位朋友H，一向對生活很是將就，甚至可以用沒有任何要求來形容。一般人買衣服都會先考慮款式和舒適度，但H卻覺得衣服能穿就好，不需要考慮是否適合自己，吃飯只要能果腹就好，味道和營養不重要。其他生活用品也是如此，一個十二坪的客飯廳，只用一顆八瓦的小燈泡照明，當我問他爲何生活總是如此將就，他只回覆了一句：「懶得思考。」

其實，追求更好的生活品質並不代表奢侈和虛榮，是對生活細節的一種要求，是寵愛自己的一種表現，而不是得過且過地度過每一天。把目光放遠一些，不要只執著於眼前的付出，不將就、不草率、不隨便，才是對生活最美好的尊重。

態度，取決於心態。

對生活有適度的要求，也是一種取悅自己，讓自己快樂的方式，你有權利選擇更好的生活品質。人的一生中跟自己相處的時間最多，所以，不要只執著於當下的付出，從而放棄了體悟快樂的機會，要好好寵愛自己，善待自己，不要勉強做任何會讓自己不快樂的事情。

懂得享受生活的人，從來不會與別人比較，而是在自己條件範圍內，呈現出最好的精神面貌。平日的生活裡，我會給自己買可愛漂亮的小蛋糕，也會添置喜歡舒適的衣服，在能力範圍內讓自己過更精緻的生活。

感情世界裡也不必將就。

朋友K對於他的擇偶條件有著一份莫名的執著，首先，女生一定要長髮及腰，要熱愛音樂，懂得彈鋼琴，喜歡穿著長洋裝和高跟鞋，以上條件缺一不可。

暫且先不評論K的觀點，在感情世界裡，不將就是尊重愛情的表現，不會勉強湊合一個不合適的人過日子。也許兩情相悅聽起來有點俗套，但是不將就的愛情，一定是彼此志趣性格相投，互相把對方放在中心位置，互相陪伴、互相扶持、互相成長。有些人寧願勉強自己、將就湊合，也不願意另找他人，這樣只會讓自己一直活在痛苦的折磨中。

很多人總習慣委屈自己，將就地過生活，讓自己的生活越來越不如意，讓自己在生活中越來越煎熬。這樣的將就一旦習慣了，也就意謂著只能擁有勉強的人生。

†·†·†·†·†·†·†·†·†·†·†·†·†·†·

寵愛自己，善待自己，不必將就，

這世上，只有自己才能陪伴自己到最後。

不要將未來寄託在別人身上

當一名空中服務員是我從小的志願，在快大學畢業的時候，我把這個想法告訴了當時的男友，結果遭到他強烈反對。他認爲當空服員需要長期飛來飛去，兩人相處的時間就會減少，感情也會隨之變淡，他不想承擔可能會失去這段感情的風險。而且他覺得「女人混得好，不如嫁得好。」與其自己那麼辛苦在外打拼，不如多放點心思在戀愛上，好好經營跟他的這段感情。

依賴別人過生活本來就不是一件輕鬆容易的事，選擇把自己的未來寄託在別人身上，終日擔心感情出問題，擔心對方有壓力，偶爾想給自己買個東西，還要看對方臉色，雖然每個女人都希望找一個有能力、有實力的男人，但最後卻發現只能靠自己。

不要依賴別人給予我們的愛，只有學會愛自己，才能發現自己的價值所在。

靠自己的女人最美。

人生是一段漫長的旅程，身邊再親密的人，都只能陪我們走一小段，其他的還是要靠自己一個人完成，我們無法預知未來的路途，無論選擇怎麼樣的人生，選擇走甚麼樣的路，都沒人能夠保證未來會變成你所期盼的樣子。不要把生活壓力都交給對方，也不要把自己所想的人生藍圖強行套在對方身上，自己的人生除了你自己，誰都不可靠。

活在當下，珍惜現在身邊的一切，腳踏實地走好屬於自己的每一段路。要知道，幸福是自己給的，不是靠別人給予的。

找到自己的價值，擁有自己的生活。

朋友U曾經是個小有名氣的網紅，後來她嫁給一位地產商，婚後她完全放棄了自己的事業，每天在家相夫教子。夫家的家庭條件非常富裕，公婆和丈夫都是海歸，平日裡溝通大多以英文爲主，相比之下，U的條件遜色許多。

U每天過著優渥的生活，日常起居都有傭人伺候，但她卻沒有別人眼中那般快樂。雖然享受著高端精緻的生活品質，但她完全沒有收入，每天過得小心翼翼，還得看公婆臉色，生怕惹怒夫家。有一次，她跟我訴說富裕家庭的勢利，由於並非門當戶對，因此常常受到親戚朋友的白眼，覺得她婚前只會拍視頻，不務正業，無所事事。雖然身邊的朋友都很羨慕她嫁入豪門，但過中的辛酸只有她自己知道。

女人最錯誤的決定，就是放棄獨立自強的能力，依賴別人過生活。我們只有找到自己的價值，才能擁有真正屬於自己的人生。

女人要掌握好自己的人生，不要想著依賴別人得到成就，這樣只會籠罩在別人的光環底下，人生沒有捷徑，只有自己知道終點在哪裡，只要有強大的內心，你便有了後退的依靠，前行的動力。

†·†·†·†·†·†·†·†·†·†·†·†·†·†·†·

喜歡的東西，自己買。
想去的地方，自己去。
想要的幸福，自己給。

別被世俗目光綁架

在我二十五歲的某一天，有一位女同事問了我一個很奇怪的問題。「你打算甚麼時候結婚生小孩？你現在都二十五了，會不會擔心成爲高齡產婦？」

你知道嗎，我當下內心是多麼震驚，二十五歲就要成爲高齡產婦嗎？我一度懷疑自己還生活在清朝。

二十五歲才剛大學畢業沒多久，正是花樣年華的少女時代，社會的新鮮人，世界還有很多東西等待著我們去探索，我們眞的不需要介意別人的目光，活在別人的眼光底下。

前同事Y比我大幾歲，在她快三十歲的時候，在交友軟體上認識了一個男生，聊天不到兩個月就開始線下約會，不到四個月就決定結婚。後來從其他同事口中得知她當時懷孕了，所以不得不閃婚。

Y來自廣東農村家庭，家人的思想十分保守。在有一次不經意的談話中，我問Y對於自己現在的狀況是否滿意，然而她卻表示並沒有想像中那般快樂，因爲Y跟她先生剛認識不久，兩人其實還沒有眞正了解對方。當初之所以決定閃婚，也許只是不想聽到三姑六婆的流言蜚語，害怕被別人議論紛紛，又或者是自己也害怕孤獨，迫切想要找到一個伴侶。

婚姻是將就不來的，不要爲了旁人的眼光，也不要爲了結婚而結婚，在不久的將來，你會後悔、會埋怨、會自責。如果當初不選擇湊合，如果當初勇敢堅持初心，如今是否也能擁有令人羨慕的幸福？你的將就，最終只會讓自己變得糾結和委屈，將就的婚姻注定不會幸福，與其不幸福地度過，不如一個人過。每個人都有選擇人生的權利，善待自己，不必爲世俗的眼光而妥協。

從古至今，傳統對婚姻的看法都有著一種迷思，認爲人生一定要擁有婚姻，才算美滿幸福。但我們怎麼知道別人的婚姻一定是美滿幸福呢？人生從來都是如人飲水，冷暖自知，有時候，有些事情你越是想得到，反而越是得不到，一切順其自然隨遇而安，不要把自己的幸福寄托在另一個人身上，也不要依賴別人給予愛，而是要知道愛的源頭在於自己，自己才是那個最能保證自己幸福的人。

別再被世俗目光綁架。

在日常生活中，我們的每一個表情，每一個不經意的舉動，每一次情緒的起伏，無一不經受世俗的審視。在這種規則與標準的消磨下，我們的習慣、需求和喜好漸漸地失去了舒適的安放之處。

所謂的世俗目光，其實是內心給自己製造的心理壓力和心理負擔罷了，越是在意，越是不快樂，不要被世俗的眼光綁架，才是活得最輕鬆自在的方法，才能讓自己在舒適的環境中，做回最眞實的自己。

人生是屬於自己的，與其不斷窺望別人，不如把目光放回自己身上，不爲閒事所困，不被瑣事所擾，遠離那些世俗的目光，爲自己而活，才能讓生活閃閃發光。除了你自己，沒有人能夠眞正了解你的需求與喜好，只有自己才會知道最適合自己的生活方式，只有自己才會淸楚自己是否眞的快樂，只有自己才是陪伴自己到最後的人。

不必勉強自己

朋友D一直單身多年，在她二十八歲那年，好不容易經朋友介紹去相親交了一位男朋友，然後很快便踏入婚姻殿堂。她夫家是非常保守的傳統家庭，她先生又是家中唯一的男丁，重男輕女的觀念根深蒂固。所以婚禮當天她的公婆就明確表明要生小孩的想法，D的身體狀況本來就不是那麼好，而且她自己本身也沒那麼喜歡小孩，也許是出於壓力，也許是出於責任，婚後不久她便決定辭掉工作去做試管嬰兒。

她共進行了四次手術，前三次均以失敗告終，直到第四次才勉強懷孕成功，每次的失敗她都要承受各種外在壓力和精神壓力。

那段時間，每次她深夜發訊息給我幾乎都是在抱怨，長時間的失眠，每天處於焦慮、擔憂、恐懼、無助和不安的狀態中，惶惶不可終日。

後來好不容易把小孩生下來，卻因爲身體虛弱而沒辦法照顧，她的公婆又不願意幫忙，覺得媽媽帶小孩是天經地義的責任，不能假手於人。我感覺D就像啞巴吃黃蓮，有苦說不出。

平日D每隔一段時間就會約我喝下午茶，她生完小孩後的狀態大不如前。也許是懷孕前服用大量藥物的副作用影響下，她的面容憔悴，不僅掉髮嚴重，還長了一堆白髮。她還時不時向我吐苦水，不是在抱怨帶小孩的辛苦、老公又不夠體貼、就是抱怨找不到合適的工作。當下她給我的感覺彷彿從一個職業女性變成了一個怨婦，絲毫感受不出結婚生子爲她帶來的喜悅。

在決定人生大事之前，往往需要慎重和深思熟慮，如果不是出於心甘情願，千萬不要勉強自己，不需要爲了討好別人而強迫自己，卽使結果達到別人的預期，自己終究無法樂在其中。

有一次我問D：「結婚生子不是你一直夢寐以求的事情嗎？幾經周折千辛萬苦才把小孩生下來，爲何現在總是愁眉苦臉？」D神情哀怨地說：「當你沒有勇氣拒絕時，就只好委屈自己去妥協。」

一段婚姻最重要的是夫妻之間的情感，有小孩的婚姻不見得一定能天長地久、幸福美滿，沒小孩的婚姻也不一定就暗流湧動、危機四伏，主要是取決於雙方如何經營這段關係。很多事情不能勉強，也不該逞強，小孩不是婚姻的籌碼，若不是發自內心的心甘情願，又何必爲難自己，這種長期壓抑自我感受來配合別人的生活，一點也不值得。

不要勉強接受不喜歡的生活，青春有限，不值得這般消耗。要重視自己的感受，人生不是爲了討好滿足別人，更不是爲了一份責任感而存在。

不必勉強跟不同頻道的人磨合。

想起一位學長L，他從大學時期開始，就熱衷於參加各種社團和聯誼活動，他很想擴大自己的社交圈子，認識更多不同領域的人。

然而十六年過去，如今L已經三十六歲，社交圈子一直空空如也，不管他再怎麼努力，始終躋身不了他所羨慕的圈層。他因此終日愁眉苦臉，鬱鬱寡歡，他始終不明白爲何自己明明已經費盡心力地磨合，卻擠破頭也融入不了他所渴望的圈子。

事實上，圈層的定義主要取決於能力和條件，當你能力不足，條件有限，與對方沒有共同話題時，關係很難維持下去。你想方設法融進的圈子，實際上並不是你的人脈，資源只有在你夠優秀、夠強大的時候才會找上你，把時間花在這些無用的社交上，眞是不明智的舉動。

與其千方百計、費盡心力去討好迎合別人，不如把心思放在如何讓自己變優秀，只要你足夠優秀，你的圈子也能成為羨煞旁人的圈子，何必勉強自己去磨合，疲憊又痛苦。

所謂「話不投機半句多」，無論是日常生活還是工作裡，有些人也許只在一段簡單的對話當中，就能產生出相見恨晚的感覺，彼此興趣融洽一致，不用刻意尋找話題，也不用害怕氣氛忽然變得尷尬。

但不同頻道的兩個人，卻因為彼此的思維邏輯不同，價值觀念不同，在意的點也會有所不同。也許，一句簡單善意的話卻被解讀成別有用心，無論你如何費盡心力的磨合，還是沒辦法打開心靈的隔閡。當你發現自己解釋半天沒有人能懂，那就別再浪費時間，有些事情不需要向每個人交代，只要跟志同道合的人在一起，快樂才會變得簡單。

擺脫外在帶來的焦慮

歲月帶給人更多的是對未來的不安與恐懼。

三十歲那年，突然有一天早上起床照鏡子，看到那兩條很深的法令紋，那又大又深的黑眼圈，還有那個已經失去了膠原蛋白的臉頰，看起來比當時的眞實年齡還要老。我立刻陷入自我懷疑的狀態，焦慮、恐懼、不安等負面情緒瞬間洶湧而上，無法停止思考自己外在的缺陷與瑕疵。

人之所以會對自己的外表感到不自信，主要是因爲害怕別人的評價和比較，每個人都盼望得到別人的認同和肯定，這種盼望會不知不覺地讓自己活在別人的標準底下。

最常聽到的一句話：「女爲悅己者容」，身爲一個現代女性，我的感受是，「我的快樂我作主。」現代女性打扮自己，已經不再僅僅是爲了取悅男人，更多的是爲了讓自己愉悅，就是單純的想要讓自己變漂亮、變年輕、變優秀、變快樂，在外表上有所提升，讓自己更有自信。

隨著社會的發展與人們思想的開放程度增加，醫學美容成爲了現在許多普羅大衆都會嘗試接觸的項目。

首先，我個人並不排斥醫學美容，甚至覺得它是人類近代史上一項偉大的發明。但不要誤會，我並非鼓勵大家麻木追求或依靠人工的方式維持表面的青春，而是透過健康的心態盡力把自己經營到最好，選擇適合自己的變美方式，讓自己變得容光煥發，變得更有自信，同時也是一種寵愛自己、讓自己變得優秀的生活態度。

網絡常常看到有人說：「女人的外貌，三十歲前是父母給的，三十歲後是自己修煉的。隨著時間的推移，決定你外貌的已經不是父母，而是由你的心態和後天努力所養成的。」

我們變漂亮是爲了更喜歡自己，而不是要跟別人攀比，是讓自己亮麗、愉悅、自信的一種表現方式，努力把自己活得漂亮，每天都能看到一個容光煥發的自己也是一種成就，我們呈現給衆人一個甚麼樣的形像完全取決於我們自己。

從心態上開始調整。

不一定每個人都喜歡接受人工的方式變美，我們也可以從心態上開始調整，接納最眞實的自己，這世上根本沒有所謂完美的人，我們不要被年齡的框架所限制，嘗試包容並接納那些所謂的瑕疵，也許對於外在的困惑和焦慮就能減輕，卽使不依靠人工的方式，也能輕鬆愉快地享受生活。

①健康飲食

擁有光滑的肌膚和漫妙的身材，與健康飲食和多吃蔬果不可或缺。蔬果除了能提供人體維生素和礦物質，還能增加體內的抗氧化劑量，抵抗老化及延緩皺紋。同時，也要養成多喝水的習慣，不但可以促進新陳代謝，還能維持細胞補水，讓我們的肌膚更有彈性。另外，吃飯的習慣也要改變，盡量以少吃多餐的方式，以緩減腸胃壓力，給予胃部足夠的時間去消化及抑制多餘的物質，使營養更好吸收。

②定期運動

喜歡運動的人舉手投足都充滿著活力，運動除了能促進血液循環和新陳代謝，還能提升身體的抗氧化能力，幫助延緩衰老，對抗歲月痕跡，從內而外呈現出自信與魅力，看起來更容光煥發。而且運動時大腦會促進多巴胺的分泌，讓身心處於輕鬆愉悅的狀態。

③作息定時

常聽到有人說熬夜等於慢性自殺，有研究指出，晚睡所帶來的影響不只是影響睡眠質量，還影響了大腦的判斷能力和人體的排毒狀況。此外，熬夜還會使人體的胰島素水平降低，導致血糖提升，使人變胖。

以前因爲工作的關係，需要經常熬夜，臉上常出現黑眼圈和各種細紋，整個人看起來十分憔悴，沒有半點朝氣，好像瞬間老了十歲一樣。所以，我現在每晚十點就回房間培養睡意，不管再忙也堅持準時休息，女人不管甚麼年紀都不要熬夜，不然塗再多的護膚保養品都補不回來。

④保持心境開朗

人生不如意事十之八九，無論發生甚麼事情，遇到甚麼狀況，都要抱著樂觀積極的態度去面對。只要保持樂觀和輕鬆豁達的心態，滿足於現在，不但能減少焦慮、抗拒憂鬱，同時也增加處理事情的成效，讓人變得美麗又自信。

投資自己，永遠不嫌晚

只要把自己打理好，內心自然會快樂。

三十歲那年，我才開始戴牙套進行牙齒矯正，身邊很多朋友覺得很是不解，「矯正牙齒這種事情不是高中開始嗎？爲何你年紀那麼大還要這般折騰自己。」

其實，一直以來我都對自己的爆牙很不滿意，不僅僅是因爲外觀上不好看，更多的是這已經影響到我的日常生活。因爲爆牙的緣故，嘴巴常常不能自然閉上，導致嘴巴會不自覺地張開，這情況困擾我多年。小時候經濟條件有限，一直沒能夠正視，長大後又因各種因素一直忽略了。然而，在決定進行牙齒矯正之前我深思熟慮了許久，都這般年紀了是否眞的該花這筆錢？而且年齡越大矯正時間越長，既然已經下定決心就不應該再優柔寡斷，去做吧。

花在自己身上的錢，永遠是投資。

半年前，我才剛做完魔滴隆乳，術後的感想是，決定做這項手術是我這輩子最值得的選擇，後悔自己爲甚麼沒有早一點做。從小到大，我對自己的身材一直感到很自卑，每當看到身材豐滿的女生到海灘游泳都可以穿上漂亮的比基尼，內心很是羨慕。起初我並沒有特別想要做這項手術的念頭，畢竟胸部平了這麼多年早已習慣了，後來隨著醫學的進步，我在想，每個人都該有讓自己變得賞心悅目的權利，只要是在自己的能力範圍內，不影響他人的情況下，勇敢追求更喜歡的自己有何不妥？現在的我，活得更有自信，更愛自己，也更享受當下的生活。

前不久，看到我的主治醫師在臉書上的一句話：「做原來的自己很好，有勇氣追求更喜歡的自己也很好。」不管是微調針劑還是整形外科，只要不是一味麻木的病態追求，我們每個人都有權利追求更喜歡的自己，活出自己想要的模樣。

疫情期間，世界各地都陷入了經濟衰退，導致很多人失業。在這段時間找工作本來就比較困難，加上失業率上升，工作機會更短缺。在這段時期，我果斷選擇了出國遊學，一去就是四個月，想藉著這段時間好好增值自己、投資自己，多學習一種語言。這舉動不僅僅是爲了增加社會競爭力，更多的是想給自己一個學習提升的機會，趁年輕多學習一點東西。

身爲一個女性，要懂得愛自己，別人才會愛你，要懂得讓自己快樂，才能帶給身邊的人快樂，要始終堅持著每一個能讓自己充滿魅力的細節。歲月從來不是讓我們變醜的理由，不管任何時候都不要爲了別人而節衣縮食、委屈自己、放棄自我，要把寵愛自己放在第一位，女人最有價值的投資，就是栽培自己。

真正聰明的女人，該懂得如何把錢花在自己身上，呵護自己，投資自己，提升自己，不管是內在還是外在，做一個更優秀的自己，時刻呈現出最美好的狀態。

雖然我不完美，但我依然可愛

許多人都希望把人生過的精緻無瑕，那怕出現一點瑕疵，也會沉浸在自我懷疑的情緒中，我們要允許自己的不完美、包容錯誤的發生，這才算是精彩的人生。

我從小就是一個很容易自卑的人，主要是覺得自己的外型條件不夠完美，沒有瓜子般的臉形，沒有櫻桃小嘴唇，沒有像西方人那般筆挺的鼻樑，更沒有魔鬼般姣好的身材。上中學的時候，班上的女同學身材都開始發育，長出豐滿的胸部，而當時的我還是個飛機場。

長大後，我慢慢開始接受自己的外表，也開始懂得欣賞自己的長相，在化妝品的襯托底下，其實並沒有自己想像中的那麼糟糕，只是自己不夠自信罷了。

隨著年紀的增長，二十九歲那年突然感到很恐慌，很焦慮，害怕自己即將步入三十，害怕自己青春不再，害怕自己不再漂亮。結果三十歲那年，我真的出現了容貌焦慮，對自己很是不滿，甚至開始厭惡自己。每天面對鏡子，都有一種莫名的恐懼，哪怕只有一顆小斑點也能讓我心情沉入谷底，所以我開始投入各項美容項目，又是果酸美白又是皮秒雷射，就是無法面對不完美的自己，那段時間的我消極又自卑。

後來，不知道從甚麼時候開始，我突然想通了，這世上根本就沒有所謂完美的人，每個人都是獨一無二的，哪怕是偶像明星也只是在時代的包裝底下，盡可能地在聚光燈下展現出所謂完美的一面，當卸下那層精緻的外殼，他們也只是普通人罷了，當人無時無刻在追求完美時，正是心最累的時候。

想起一位北京的朋友，如果按照大眾現今的審美觀，她的長相與外形並不屬於超級大美女的那一類，沒有濃眉大眼，加上平平無奇的身材，可是她裏裏外外都散發著自信。她的談吐舉止相當優雅，說話時總是輕聲細語，舉手投足溫柔且透露著涵養，給人一種韓劇裡氣質女神的感覺，很優雅，很舒服。

她很喜歡現在的自己，但她也會去做各種有興趣的美容醫療項目。她坦言，想變美並不是對現在的自己不滿意，而是想追求更好的自己，這種追求並不是要追求完美，而是一種鞭策向前的熱情。

這世上根本沒有完美的人，世人眼中所謂的完美女性，只是靠著日復一日的堅持，在修養過程中培養出屬於自己的氣質與自信。

雖然外表的美麗容易逝去，雖然我們都不完美，但我們依然可愛。氣質伴隨著生命，在歲月的沉澱中會越發展現出優雅迷人的魅力，在時間的催化作用下閃耀出珍珠般的光芒。

你的人生態度，決定你的幸福指數

幸福是一種發自內心的感覺，不是取決於物質的生活狀態，而是取決於你看待事情的態度和懂得感恩的心態。想要幸福，就要從事物中找到值得感恩的部分，凡事往好的方面去想，懂得知足感恩，不要事事跟別人攀比，這正是知足常樂的道理。

積極思維造就幸福人生。

生活本來就不容易，社會環境總是充滿著各種變數，重要的是要懂得如何面對，學會如何與艱苦共處，調整好心態，不要總是把事情複雜化，腳踏實地地認眞把目前的生活過好，無須把希望寄託在那些不確定的事情上，把握好生命裡每一個燦爛的瞬間。人生總是充滿著困難與挫折，或許會讓你感到阻礙重重，但我們往往能在艱苦中找到人生的意義和方向。

我和V認識多年，他對待生活的態度總是很樂觀、很從容。那怕遇到生活不順或工作瓶頸的時候，他都會嘗試利用自身優勢的方法，不斷嘗試尋找新的解決辦法，改善並提升自己的能力，也從來不會自怨自艾、自暴自棄，也從不會把仇恨和負面情緒積在心裡，以寬容代替抱怨的方式積極面對生活。他的社交帳號的自我簡介寫著：「明天會更好。」正好符合了他樂觀的性格。

有一次我問V：「你難道都沒有煩惱嗎？」他回答：「怎麼可能會沒有，只是不想把這些煩惱和仇恨都積累在心裡，既解決不了問題，還會給自己增添負擔，不如積極樂觀地面對，當你選擇心態樂觀的時候，好運自然隨卽而來。」每次看到V時，他總是面帶微笑，微笑不僅能使他變得親切，也能讓周圍的人也感覺到快樂。

想起有一位學長L，常常因爲找不到另一半而終日發愁。L的自身條件並沒有很好，雖然有受過高等教育，但卻連二十六個英文字母都唸不好，生活自理能力也是一團糟，上完廁所時常忘記關燈、在颱風天把已經烘乾好的衣物拿到陽台曬，日常生活許多事情都要依賴媽媽打點，通俗點來說就是名副其實的「媽寶」，沒眼界、沒內涵。

但他卻對另一半的條件要求很高，除了臉要漂亮身材要好，還要比他聰明能幹，在適當的時候爲他指點迷津，要對生活的大小事情瞭如指掌，能隨時隨地替他善後，有需要時還得聽他嘮叨抱怨，幫忙消化他的負面情緒。

我曾經問L：「你是想找一個伴侶？還是想找一個老師或助理？」他回答：「幾樣都有」。他的回答讓我感到無比震驚。

這社會，無論甚麼年紀的人，都偏向喜歡跟更優秀的人在一起，人總是喜歡跟強者聯合，而不喜歡被拖累。當你連自己的人生都沒辦法處理好時，一心只想著寄望別人來拯救你、幫你處理，這種人生態度很難找到眞愛，也很難找到伴侶。

當你不是一個優秀的人時，憑甚麼去要求對方優秀？與其一味想著如何高攀別人，不如努力讓自己成爲那個有條件讓別人高攀的人。

態度決定一切，擁有積極的人生態度，就會擁有幸福的人生，世上沒有消極的處境，只有消極的心態。成功與失敗的人的差別在於心態，成功的人會以積極樂觀的心態面對人生，而失敗的人總是被過去的憂慮和不安所支配，他們悲觀消極的態度決定了自己的人生方向，常常感到淒涼和沮喪，每天都處於灰暗的情緒中。

幸福是需要透過積極樂觀的人生態度培養而成的，只要有積極樂觀的心態，才能讓你擁有幸福的能力，才能讓你努力生活，讓自己變得更好。

人生匆匆幾十年，爲何不將自己的光和熱散發出來，卽使此時此刻飽受挫折，仍能滿懷希望和熱誠度過每一天。

在複雜的世界裡，積極的人生態度讓自己不至於迷失自我，讓我們單調的人生旅程絢麗多彩。

活在當下，珍惜當下，享受當下

前段時間，突然聽到有一位大學同學離世的消息，該同學才三十三歲，本該享受著美好的花樣年華，美滿的婚姻，幸福的家庭，怎麼會突然說走就走。一開始不敢相信，還以爲是惡作劇，後來幾經證實後才意識到眞的陰陽相隔，連續好幾天我都陷入落寞傷感的情緒中。

也許不是閨蜜般的摯友，但也是相識的人，曾經在同一教室裡一起上過課，打過招呼，聊過天，也互相出現過在彼此的人生軌跡裡。

雖然只是短暫的相遇，還沒有機會互相深入了解，就突然聽到這個噩耗，當下眞的不敢相信，回想起上次跟她見面的時候，是在大學畢業典禮上，那時候根本不會想到這竟然是此生的最後一次相見。

世事無常，一場急病或突發意外說來就來，未來的事情沒有人能夠預知，我們唯一能夠做到的是，活在當下，珍惜當下，享受當下，感恩你還能活著，感恩現在所擁有的一切，珍惜每一個出現在你生命裡的人。

曾經有一段時間，我感覺內心很空虛，每天上班下班過著機械模式的生活，覺得自己沒有任何進步。日復一日的生活讓我感到身心疲憊，心煩迷惘，好像做甚麼事情都提不起勁，也沒甚麼意義，彷彿這個世界有沒有我也沒有太大差別。於是有一天，我點了香氛蠟燭，放著喜歡的音樂，走進浴缸泡了個熱騰騰的澡，好像是有放鬆了一些。

以前的我總覺得，一定要完成某件事情、達成某個目標，或存到一筆巨大的存款，才能過上自己想要的生活。但現在的我發現，只要眞的想要，此時此刻就能實現。

其實，所謂想要的生活並沒有想像中的那麼多框條，所有的條件都是人們自己附加上去的，因爲人們太想成爲別人羨慕的對象，以致一直活在別人的標準底下，生活得很憋屈、很彆扭，一點都不快樂。

很多時候，我們內心的空虛是因爲無法在生活中找到快樂和滿足，對生活的不似預期而感到失落和沮喪，同時也失去了對生活的熱誠，無法感受內心的眞實需求。

前不久，跟一位十幾年沒見面的大學同學相約，也是曾經的約會對象，雖然平日偶爾會在臉書上寒暄幾句，但畢竟多年沒見面，心中多少還是有點緊張。我們相約在他公司附近的餐廳共進午餐，兩人見面後聊了很多，他畢業後這十年裡一直都很努力，從基層員工一直晉升到主管的位置，無論事業上還是感情上，都過得無比充實，現在結婚生小孩了，也買了自己的房子，眞的很替他開心。

他半開玩笑地說：「你現在後悔當初沒有選擇我了吧！」我表面尷尬了一下，其實我內心從不會對任何一段人際關係感到後悔，因爲每個人能出現在對方的人生軌跡裡都是命中注定的，而最後能否走在一起，也是命運的安排，根本沒有所謂的後悔，兩個人沒能走到最後，代表也許並不是對方合適的人選。我不後悔，但我感謝生命裡有過他，我會把那份純眞默默地留在記憶裡。

這世上，雖然有許多事情是我們無法控制和改變，但我們可以選擇用甚麼樣的態度去面對，重要的是心態，一個人快樂與否，充盈與否，如何看待和面對自己的人生，一切都取決於我們的心態，我們所看見的世界，會因爲我們的心態而改變。

†·†·†·†·†·†·†·†·†·†·†·†·†·†·

正如聖經《申命記》說：「你的日子如何，你的力量也必如何。」

讓人生朝著有光的地方出發。

人生本來就是不完美的，不需要跟別人比較，我們這一生只需要跟自己相比，比較今天是否過得比昨天好，不要爲昨天的事情糾結難過，也不必爲明天的事情殫心竭慮，人生往往有源源不絕的問題需要解決，只要把目前想做的事情做好，把當下的生活打理好，讓自己的每一天都過得豐盈充實。

現在的我，每天都會給自己定下一個小目標，然後努力做好，透過實現目標來達到自我滿足，不管前路有多麼艱辛，請相信自己，只要我們懷著信心往前進，就能擁有披荊斬棘的勇氣。

很多時候，我們會很容易忘記自己快樂的泉源，到有一天青春不再，才突然驟覺美好的時光經已從暗裡溜走，我們無法留住晨曦的陽光，也無法留住夕陽的晚霞，唯有珍惜當下，珍惜在我們生命裡流過的每一個時刻，開心快樂地把每一天過好。

人生短暫，要學會爲自己而活，不要沉溺於過去的痛苦，也不必憂慮於未來的迷茫，要好好珍惜現在跟自己相處的時間，慰籍在忙碌中的自己，熱愛現在的人生，喜歡當下的生活，珍惜目前所擁有的。活在當下，珍惜當下，享受當下，努力創造眼前的美好，活出更好的自己、更好的人生，生活中的快樂就是這樣累積。

†·†·†·†·†·†·†·†·†·†·†·†·†·†·†·

珍惜現在的每一個瞬間，人生正是由無數個連續的瞬間組合而成。

Chpter 2

每天寵愛自己多一些

生活要有儀式感

村上春樹的名言：「儀式是一件很重要的事，它讓我們對在意的事情心懷敬畏，讓我們對生活更加銘記和珍惜。」

儀式感不一定是物質層面的追求，也不一定是只某個特定的時刻，更多的是人對於經營生活的一種態度，更像是點燃生活的火花，讓平淡如水的日子變得色彩繽紛。

在我三十歲之前，總覺得儀式感這種東西都是浮雲，總是浮華一現，泡沫般消失，一點都不重要。像是生日、新年、聖誕節、情人節、紀念日這些日子每年都有，根本沒有必要特別慶祝，總覺得太虛無縹緲，不如來點實際的，浪費金錢、浪費時間，還是平淡如水的生活最實在。

隨著歲月的增長，我慢慢意識到儀式感是生活中必不可少的部分，是對生活的熱情，對幸福的嚮往，對自己的認眞。就像經營生活一樣，日復一日的奔波勞累，讓人漸漸忘記了生活的意義，不知不覺中使生活變成了一潭死水，再無波瀾。可是，波瀾不驚的湖面偶爾也需要風雨的調劑，讓蕩漾的漣漪增添別樣的風采。

現在的我很重視儀式感，即使在平日裡，我每天都會穿上漂亮的睡衣，早上爲自己泡一杯咖啡及準備一份營養豐富的早餐，在家裡邊看書邊享用，讓自己有足夠的能量充滿活力地面對新的一天。

儀式感賦予了我在平淡的日子裡充滿愛與驚喜，喚醒了我內心深處的快樂，這種快樂的感覺，讓生活處處充滿了甜蜜與美好，而這些美好，很多時候是源自於一個不經意的儀式感。

《三十而已》的金句：「儀式感是沒有放棄自己最好的證明」，儀式感可以為枯燥的日子帶來樂趣，讓單調的生活增添色彩，也是給予自己好好疼愛自己的機會。即使一個人時，也能好好愛自己，對自己的生活負責，永遠不懈怠、不懶惰。現在每年的生日，我都會好好犒賞自己，給自己買一個漂亮的蛋糕，穿上精緻的服裝，去喜歡的餐廳吃華麗大餐，給自己買一份生日禮物，用充滿甜蜜的儀式感見證自己的成長。好好寵愛自己，能讓你在平凡的生活中，找到久違的甜蜜與幸福。

生活需要經營，儀式感就是經營生活的一種態度，也許生活總是充滿難題與挫折，有些特別的瞬間就這樣被失落、被遺忘。藉著創造儀式感，找回屬於自己的生活節奏，學會對待生活的認眞、尊重和熱愛，珍惜生活中的每一個瞬間，細味品嚐生活的點滴，讓我們把日子過成想要的樣子。

而懂得經營生活的人，往往比別人過得滋養豐盈。

家庭儀式感

我們家的家庭觀念比較傳統，從以前到現在，每天晚餐時間，不管再忙也要一家人聚首一堂地用餐，風雨不改。家人們可以趁這段時間，在餐桌上互相分享當天所發生的事情，除了能爲家庭營造溫馨的氛圍，也是一種彼此關懷增進感情的溝通方式。

愛情儀式感

無論是熱戀中的情侶，還是結婚多年的老夫老妻，愛情的儀式感也是必不可少。經營一段感情，需要定期爲感情生活注入養分，讓兩人的生活保持新鮮感，偶爾給彼此製造一點驚喜，能爲愛情增添火花，同時也能爲彼此創造更多甜蜜的回憶。儀式感不僅能讓生活變得精緻，也是維持一段感情的重要養分。

友情儀式感

我們每天生活都充滿著各種忙碌、疲憊和壓力，朋友見面的機會則越來越少。所以，在那些不見面的日子裡，也要互相思念，然後每年送對方一份生日禮物，讓對方知道你對這份友情的重視。友情是我們心中珍貴的回憶，是每個人成長過程中不可或缺的一部分，友情教會了我們與人相處，教會了我們成長，教會了我們如何關懷別人。儀式感也是維繫友誼的重要橋樑。

認真對待生活中的每個時刻。

懂得經營生活的人，總能在平淡的日子裡找到快樂的關鍵，透過儀式感，感受生活中每一份微小的幸福，認眞對待生活中的每一個時刻，就是經營生活最好的態度。

儀式感承載著人的心理需求和背後的精神意義，不但能爲平淡如水的單調生活帶來火花，也能讓人活出自我價值，重燃對生活的熱情，我們把日子過得精緻，也是爲生活定期注入期待和養分，能讓心靈更富足，讓生活更美好，是一種將日子過得與衆不同的途徑。

†·†·†·†·†·†·†·†·†·†·†·†·†·†·†

生活要有儀式感，它能讓我們感受到愛與幸福，同時也能讓我們的生命更有意義和價值。

在能力範圍內給自己更好的選擇

「勤儉是美德」是我們父母那一輩人的傳統觀念，他們往往認爲人生就該節儉過日子，喜歡花錢就是敗家的行爲。所以，我從小被父母灌輸要省錢的觀念，省錢變成了一種被推崇的生活方式。

我曾經也是個非常節儉的人，那時候的我，衣服只要超過三百塊都捨不得給自己買，從來不會在外面吃飯，更不會參加朋友們的聚會，凡是要花到錢的活動一概拒絕，慢慢便養成一種吃得簡單、穿得樸素、不購物不旅遊的生活模式。然而這樣的生活很容易積累壓力，讓我時常感到疲乏和壓抑，生活也缺少了許多該有的樂趣。

在能力範圍內給自己更好的選擇，並不是意謂著要永無止境地滿足自己的欲望，畢竟人的欲望就像無底洞，永遠填不滿，更深層的意義是爲枯燥乏味的生活補充能量，甜蜜滋養我們偶爾悶悶不樂的內心。

生活要適度適時的犒賞自己。

犒賞自己的方式有很多，不一定要大吃大喝，放縱揮霍，睡個舒適的午覺、與閨蜜好友喝茶聊天、與可愛的寵物公園漫步、來一場說走就走的旅行，只要是能讓自己身心得到愉悅和放鬆的活動，都可以去嘗試。犒賞自己與熱愛生活同樣重要，善待自己，以犒賞的方式放慢生活步調，舒緩疲憊的情緒，消除內心積存已久的壓力。

日常生活都是平淡的、枯燥的、乏味的，它不會因爲你覺得無聊而變得閃閃發光，犒賞自己的時候，總能讓人心花怒放，讓疲憊的心靈能在有限的時間裡得到喘息，讓人從這種日復一日的單調生活中得到鼓勵和滿足。捨得給自己花錢，也代表著有爲自己買單的能力，讓我們相信自己值得擁有更好的一切。

省錢不代表會使財富增加，花錢也不代表會使財富減少。

朋友H時常有個概念，覺得錢都是靠省出來的，每當他覺得金錢短缺的時候，就會想盡辦法從日常生活裡減少開銷，吃最便宜的便當，買最便宜的衣服，斷絕所有社交活動，長期過著省吃儉用的生活，但錢還是一樣不夠用。當你擁有一百元，即使你一毛錢都捨不得花，最後你還是只能擁有一百元。

擺脫窮人思維，才能變富有。

窮人著重於減少，富人著重於增加，窮人思維的人只會把重點放在如何減少成本，認爲省了一塊就等於賺了一塊，靠著省吃儉用去累積金錢，始終不願意花錢去投資或增值，永遠把價格放在第一位，從而忽略了當中能獲得的價值。

這樣的人過度執著於金錢的付出，使他們每天都被金錢所奴役，每一畢支出都斤斤計較，長期處於缺乏安全感的狀態。

其實當意識到錢不夠用的時候，想的不是要如何節省，而是要想如何增加。如何增加工作的能力，如何增加投資的技巧，如何增加理財的概念，這樣生活才會過得踏實且富足。

寵愛自己，並不代表虛榮。

雖然大家都鄙視虛榮，但精緻優質的生活誰不嚮往？每個人無論在生活上、事業上或感情上都會受到過挫折，人生沒有一帆風順，人生觀念也許也曾經被生活的重擔扭曲過。這一系列的經歷往往會影響一個人的價值觀，而使用金錢的態度，也直接反映著一個人選擇的生活方式。

世上許多人因爲過分渴求不屬於自己的物質，而過著壓抑、憂鬱的生活。所以，我們必須培養正確的價值觀，不是爲了炫耀而得到，也不是爲了欲望而滿足，一切必須建基於自己的能力範圍內，不要爲了要面子而不自量力，打腫臉充胖子。

投其所好，是爲了給自己更好的選擇。

我對「投其所好」這詞十分有同感，從小母親就灌輸我一個道理，不是你願意付出，別人就一定願意接受，送禮物也是如此，要懂得投其所好，要送到別人心裡去。想起朋友C，他總喜歡送別人一些雜七雜八的東西，自以爲別人會喜歡，殊不知別人根本用不上。

有時候，投其所好不是爲了討好別人，更多的是爲了方便自己，給自己更好的選擇。

†·†·†·†·†·†·†·†·†·†·†·†·†·†·†·

寵愛自己，善待自己，美好的生活需要自己去創造和成就，在能力範圍內，給自己更多的自由度，更好的選擇，同時也是給予自己期盼和力量，努力讓自己的人生變得優質、燦爛，也是一種奮鬥向上的動力。

遠離負能量的人、事、物

遠離負能量之前，先要避免自己成爲負能量的人。

曾經，我也是個思想負面的人，心情不好的時候總喜歡找家人朋友抱怨，喋喋不休地吐槽，雖然問題還是沒能解決，但總覺得這樣暢所欲言內心會舒服許多。

後來不知道從甚麼時候開始，我戒掉了這個灌輸別人負能量的習慣，也學會了自我療癒的能力。當遇到困難時，坦然接納勇敢面對，天無絕人之路，凡事總會有解決的辦法，自己的問題歸根究底還是要靠自己才能徹底解決。

朋友J一直是個憤世嫉俗的人，他只看到世界的黑暗面，總是在抱怨世界的各種不公，從不積極面對事情，覺得一切都不會好。他有一句口頭禪：「贏在起跑線上。」意思是你的出身會很大程度決定你的成就，像普通人家的孩子，不管如何努力也無法跟有錢人家的孩子相比，不管如何奮鬥也無法達到貴族家庭出身的孩子的成就，他們的起點已經等於我們奮鬥一輩子的終點。

我非常不認同這個觀點，我認爲每個結果都需要一個過程，在這個過程當中獲得學習與成長，不要只把焦點放在結果上，從而忽視了過程當中努力奮鬥的意義。

人生不如意事十之八九，路上總是充滿著驚濤駭浪，每個人都會有事與願違、心灰意冷的時候，總會感到焦慮、疲憊、挫折和沮喪，無論在工作、生活或學習上都感到莫名疲憊，一旦被這種消極的負面心態積累下來，長期下去會對身心造成消耗，無法放鬆的同時更不容易獲得快樂。

曾經認識一位學長，是我人生中遇過最負能量的人，一個簡單的話題，他往往會聯想到負面的事情。每次面對他，我都感到巨大無比的壓力，他總是帶給別人悲觀負面的情緒，每當我想盡辦法開導他，他總是一副悲觀厭世、敷衍塞責的態度，把自己的心態缺陷推給原生家庭。其實他的家庭資源還不錯，有一個單身多年且很有經濟實力的姑姑，姑姑擁有兩套房子，早早就決定要給他繼承。由於他是家中的長子，父母親的房子未來也必然是由他來繼承，但他依舊不懂得知足感恩，總是充滿怨言，凡事都想要十全十美，得一想二，繼續開導他所謂的憂慮給我一種「裝睡的人叫不醒」的感覺。

當我們把焦點都關注在消極的事情上，只會用消極的態度定義自己，我們的世界便會被烏雲所籠罩，這些烏雲會遮蓋一切，讓我們無法看清原來的世界。

原生家庭雖然是天生的，可是命運是自己可以改變的，自己不夠優秀，就想辦法讓自己變優秀，不夠聰明，就努力讓自己變聰明，不夠討喜，就盡力讓自己受歡迎，一天到晚自怨自艾，對結果毫無幫助。

現今社會每個人生活都不容易，各自有各自的難題，別人沒有義務替你消化負面情緒，如果不整理好自己的思緒，只會把身邊的人拉進深淵，一起墜落。

負能量的人總是習慣鬱鬱寡歡，總處於憂慮、憤怒和嫉妒的情緒中不能自拔。

正如心理學之父馬丁．塞利格曼說：「面對周圍那些容易帶給別人負能量的人，如果你不是一個心理醫生，不能有強大的心智去消化別人的負能量，那麼默默遠離和屏蔽，應該是最好的選擇。」我們要多與樂觀正面的人相處，讓自己感到愉悅自在的同時，也能看到更寬廣的世界，我們眞的沒必要跟悲觀的人一起自我消耗、自我毀滅。

除了負能量的人，還要遠離負能量的事和物。

隨著電子媒體的盛行，人們每天被傳統媒體與新媒體的資訊籠罩，原本是增廣見聞的網絡世界卻充斥著各種攻擊、霸凌、煽情、威脅和政治鬥爭，整天被大量病毒般的負面資訊所包圍，不知不覺這些都成爲了生活不開心的源頭，毫無營養且蠶食心靈的健康。適時地遠離負面資訊，要學會分辨哪些是眞正有價值的，哪些是在侵蝕自己的靈魂。

平日裡我喜歡閱讀、聽音樂、看電影，也喜歡跟閨蜜喝茶談心，盡情享受並感受生活與人性的美好。

別再糾結在負能量的漩渦裡，要時刻對自己抱有信心，對世界抱有希望，對生活保持樂觀。只要有了明確的目標，就會有實踐的動力，與其還在抱怨命運的不公平，不如想清楚自己想要的是甚麼。生活本來就是悲喜交加，道路有高低起伏，人生也有順流逆流，坦然面對，喜悅的時候就好好享受，煩惱出現時就理智解決，這才是精彩人生。

你值得擁有美好的一切

一切美好的東西，都值得我們去擁有、去追求。

不管生活再忙碌，也要騰出讓自己歇息的時間，努力奮鬥的日子還有很長，偶爾放慢腳步，細心品嚐生活中的美好，把平淡的生活過得精緻且美麗，用自信的態度活出自在的人生。

寵愛自己的方法：

①做讓自己開心的事

平日裡，不管心情如何，我都很享受待在完全屬於自己的空間裡，聽著喜歡的音樂，浸淫其中，或是挑選一部喜愛的電影，邊吃零食邊欣賞，偶爾看看書以及跟我家那兩隻可愛的貓咪玩耍，然後躺在熟悉又舒服的床上放空休息。對我來說，能夠被自己喜歡的事物包圍，是多麼幸福。

②泡澡

點著喜愛的香氛蠟燭，四周播放著柔和舒緩的音樂，躺進泡滿熱水的浴缸裡，在芳香精油和熱水浴的作用下，一邊泡澡一邊沐浴在喜愛的香氣中，放鬆心情，洗去疲憊與壓力，在泡澡的過程中養膚護髮一番，讓肌膚緊緻膨潤，把泡澡保養當成寵愛自己的幸福時光，讓自己散發最自信的光芒。盡情享受泡澡的舒適和樂趣，沒有甚麼比享受一場熱水芳療浴更讓人身心放鬆。

③使用香氛蠟燭

每天晚上，我都有點香氛蠟燭的習慣，讓喜愛的氣味在整個空間裡盤旋，呼吸之間都能感受到愉悅的氛圍，放鬆心情、舒緩身心和釋放壓力，奔波勞累一整天後，讓喜愛的氣味淨化心靈的疲憊。薰衣草、檀香及洋甘菊等香味還可以幫助放鬆和改善睡眠品質。

④喝下午茶

無論是假日或平日裡，我都很喜歡約家人朋友喝下午茶，在陽光明媚的下午，坐在漂亮精緻的餐廳裡，透過大大的落地窗感受著陽光灑在臉上的溫暖，偶爾放慢腳步，品嚐芬芳撲鼻的玫瑰花茶和可愛精緻的小甜點，用心享受悠閒愜意的優雅時光，你值得擁有喘息的時間。

⑤寫日記

在日常生活裡，每天花一點點時間去觀察自己的感覺，把快樂的事情寫在精美的日記簿裡，也是一種心情療癒，也許你會發現，生活其實還有很多甜蜜幸福的時刻。

⑥犒賞自己

寵愛自己，從犒賞自己開始。

曾經我也是個對自己很小氣的人，我喜歡照顧別人的感覺，對在乎的人很願意付出，總是對家人很大方，覺得對自己吝嗇一點沒關係。後來我發現這個觀念完全不正確，要愛別人先要學會如何愛自己，除了你自己，這世上沒有人有義務讓你快樂。現在逢年過節我都會給自己準備一份小禮物，可以是美味的小蛋糕，也可以是精緻的小飾品，好好犒賞自己讓自己開心。

⑦旅行

旅行的意義不只是爲了吃喝玩樂、遊山玩水，更多的是爲了帶來心靈上的療癒和尋找人生方向。每次踏上一段新旅程，都能讓心靈得到淨化與啟發，每一個瞬間都能讓人生增加精彩的回憶，收穫快樂的同時也能帶來觸動心靈的滿足。

⑧散步

我很喜歡散步的感覺，平日空閒的時候，獨自到安靜的公園悠閒自在地散步，看著被風吹落的花瓣，感受著陽光明媚的溫暖，漫步在街道上，充滿閒情逸致地欣賞兩旁的風景，以散步的方式回歸簡單而樸實的心靈，從平凡的生活中享受大自然的美妙。

⑨逛書店，享受閱讀的時光

平日裡，我很喜歡逛書店，店裡安靜優雅的氛圍讓我感到很放鬆，透過隨意翻書的短短過程中，也可能會產生啟發，讓人獲益良多。

⑩冥想放空

現代的生活步伐越來越快，讓人常常容易陷入焦慮緊張的狀態，每天找一個時間，甚麼都不要做，閉上眼睛，好好冥想放空，沉浸在那個只屬於自己的世界裡，讓身心從緊繃的狀態得到放鬆，消除負面的思緒，達到減壓的效果。

人生必須擁有的快樂清單

每個人對於快樂的感知和定義都不同，快樂沒有標準的答案。所謂的快樂清單，就是各種會讓自己獲得幸福快樂的途徑，承認快樂有豐富的可能性，而更多的快樂，則是透過生活中的發現而習得。給自己擁有這份快樂清單，就是打開通往快樂泉源的大門。

人生必須擁有的快樂清單：

①擁有一個完全屬於自己的空間

擁有一個完全屬於自己的空間實在太重要，不需要多大多豪華，一個可以隔絕外界聲音的地方。在這個空間裡，可以安心釋放自己的心靈，毫無保留地做自己，好好與自己對話，隨心所欲盡情做自己喜歡的事情，這個空間能夠給予你絕對的安全感和幸福感。

②擁有一張可以安眠入睡的床

人生有三分之一的時間都在睡眠中度過，我們每天奔波勞累爲生活奮鬥，營造一個舒眠的環境必不可少，一張舒適的床能讓大腦和身體得到釋壓和放鬆，讓我們一夜好眠到天亮，讓我們每天起床都能精力充沛、元氣滿滿。

③擁有一隻或以上的可愛寵物

養寵物是一份生活的甜蜜，在照顧寵物的同時，也能療癒自己的心靈，與寵物互動時能讓身體分泌多巴胺，讓心情愉悅、放鬆、平和。我們爲寵物付出愛與陪伴的同時，也能感受到寵物靜靜給予的回報。

④擁有喜歡的家人、朋友

在人生旅途上，跟喜歡的家人、朋友在一起看似簡單，但更多的是一種心靈上的溝通，共同成長的見證，表達彼此關懷的一種情感模式。有了喜歡的家人和朋友，才讓我們的堅持更有意義，人生每個重要時刻都能被自己喜歡的人所包圍是一件多麼幸福的事。

⑤擁有自己想要過的生活

對我來說，最想要過的生活是可以隨心所欲，輕鬆自在做自己喜歡的事情，不用在乎別人的眼光，也不用爲金錢所折磨，可以自由地支配自己的時間，與自己好好相處，有空的時候，去散步呼吸清新的空氣、看書、睡午覺，或甚麼事都不做，安靜地冥想。

⑥擁有足夠爲自己買單的能力

如果連自己都無法爲自己帶來快樂，更不要期待別人能帶給你快樂。

身爲一個現代女性，一定要有能爲自己買單的能力，不需要家財萬貫，但至少不用依附於他人，不會因爲他人的離去而失去原本的生活品質，買得起喜歡的東西，去得了想去的地方，要有足夠的底氣掌握自己的人生。

⑦擁有絕對的自主權

曾經有一任男友，是個名副其實的控制狂，無論是吃甚麼餐點、穿甚麼風格的衣服、跟甚麼人交朋友、甚至頭髮的長短，他限制我這一切都必須由他來決定。有一次去吃飯，我想吃烤魚排，他卻說這家餐廳的魚排不好吃，硬是幫我點了一份豬排，當下我感到無比震驚，難道我連給自己選擇一份餐點的權利都不能有嗎？我果斷跟他分手。

還記得小時候，父母為了要讓我把所有心思都投放在課業上，禁止我留長髮，這個禁令一直維持到高中才解除。所以，我一直以來都特別重視自主權，只要能完全掌控自己的生活，人生才會自由幸福。

†・†・†・†・†・†・†・†・†・†・†・†・†・

我們的人生，不需要任何人來支配。

你永遠是獨一無二，不需要和別人比較

突然想到中學同學F，少女時期的F就很喜歡跟同學們攀比，比較分數的高低，比較零用錢的多少，比較受歡迎的程度，比較約會的次數，甚至臉書上的按讚數也喜歡比較，結果把自己搞得終日悶悶不樂，鬱鬱寡歡。F很想要受歡迎，但性格內向的她又缺乏主動的勇氣。當看到有同學受歡迎時，總覺得是別人搶了她的風頭，甚至把那個人當成假想敵。

還記得大二的某一天，突然接到F的來電：「聽說你上大學後變瘦了很多，你是不是偷偷去抽脂了？」我對她這個問題感到莫名其妙，其實我本來就不算胖，只是因爲課業壓力有點大讓我消瘦了一些。那通電話聊了不到五分鐘便匆匆掛掉，她的來電並不是出於同窗之間的關心，更多的是想打探你的近況，想知道你是否活得比她優秀，過得比她滋養。

生活上的累，一半都是源自於比較。

在網路世界裡，許多看似在分享生活的動態，其實不過是一種炫耀、尋找存在價值的方式，人們往往要透過這種自欺欺人的表現來證明自我價值，從而獲得虛榮感和滿足感，而產生這種虛無縹緲的同時，也說明了他們內心的空虛。

人總是看到自己沒有的，卻忽略了自己擁有的，這正是很多人不快樂的原因。看到別人住豪宅，便嘆息自己只住得起小套間，看到別人坐豪華跑車，便嘆息自己只坐得起公車，看到別人年薪百萬，便嘆息自己只能當月光族。

即使再多的名利和財富，也不代表等於心靈上的平靜與幸福，由此來界定一個人是否成功，也就充滿著與別人競爭攀比的心態。人生大多數的痛苦和不幸福，都是源自於想要活成別人的模樣，比較的心態一點點地吞噬著理智。

曾經有一段時間，我也很愛跟別人比較，每天刷社群網站總會看到一堆人在炫耀放閃，各種豪華旅遊、精品購物、精緻餐廳，感覺別人的生活總是多姿多彩，反觀自己與別人相比，生活好像總是一地雞毛。瞬間感到很失落，很自卑，覺得自己好像一事無成，永遠都無法像別人那般優秀。

心灰意冷了很長一段時間後，我跟自己說，不能再這樣下去，必須調整好自己的心態。想要幸福，就該時刻帶著感恩的心，珍惜當下所擁有的一切，不要將目光聚焦在渴望活成別人的模樣，不能過著表面光鮮亮麗，背後卻辛酸無比的生活。

人永遠習慣把美好的一面展示出來，然而每個人的生活都是如人飲水，冷暖自知。從你走出家門的那一刻始，你內裡幾斤幾兩只有你自己知道，不要過分羨慕別人的生活，也不用太在乎別人的看法，這世界從來都是「你看我好，我看你好」，當你在羨慕別人的時候，也許在同一瞬間也有人在羨慕著你。

培養在紛繁複雜的生活中形成一個良好的心態，別人過得再好，也只是從你的世界中路過，自己才是那個對自己人生負責的人。眞正有價値的人生，是腳踏實地把自己的每一天過好，別人的生活再好都與我們無關，不要總是想著沒有的，要時刻想到擁有的，就會快樂。

很多時候，我們所看到的只是別人希望被看見的一面，這世上，沒有永遠一帆風順的人生，總會有崎嶇不平的時候，你所羨慕的生活，不一定能爲你帶來快樂，與其羨慕自己沒有的，不如珍惜當下擁有的。

†·†·†·†·†·†·†·†·†·†·†·†·†·†·†·

不比較，不羨慕，感恩你所擁有的，人生自然快樂。

減法生活，把不重要的都減去

有時候，讓我們心力交瘁的，不僅是永無止境的生活壓力，更多的是我們對慾望的不節制，把自己的生活變得複雜化，讓自己不堪重負，甚至崩潰。其實，我們眞正需要的往往比想要的少，適時地抽離、放鬆，才能更接近幸福的本質。

①減去不重要的人際關係

以前曾經聽過有人說，當人的年紀越來越大，身邊的朋友就越來越少，人隨著時間逐漸減少，就會更珍惜自己所擁有的時間，不願意把心思和精力消耗在無關緊要的人身上。我們的生命裡，會出現許多各式各樣的人，但並不是每個人都值得深交，有的人品行端正，有的人心思歹毒，有的人忠厚老實，有的人圓滑奸詐，無論是生活還是工作，我們都要擦亮眼睛，仔細辨別。

例如：

表裡不一，心術不正的人，

不能吃虧，愛佔便宜的人，

自私自利，斤斤計較的人，

揭人隱私，論人短處的人，

爭強好勝，搬弄是非的人，

喜歡幸災樂禍，把自己的快樂建築在別人的痛苦上的人，

還有，嫉妒心強，希望你永遠過得比他糟糕的人。

總而言之，任何在相處過程中會讓你感覺到不舒服的人，都不需要接觸，更不用委屈自己去作多餘的磨合。這世界，沒有誰失去了誰就活不下去，如果相處不愉快，那還不如不要相處，遠離各種浪費時間的無謂社交，輕鬆又自在。

②減去無謂的社交

我的個性比較內向慢熱，以前會因爲害怕別人覺得自己不合群，而勉強自己參加一些不必要的社交活動。然而一直以來我都很討厭跟那些半生不熟的人打交道，還要絞盡腦汁想一堆毫無營養的話題，眞心很累。

我慢慢厭倦了這種社交模式，也逐漸意識到自己根本不需要這種人際關係。時間很寶貴，我開始改變態度，若不是眞心想見的人就不要見，不是眞心想交的朋友就不要交，把時間留給眞正覺得在乎的人。

③減去不必要的慾望

不能否認每個人都喜歡漂亮的東西，喜歡把生活填滿。但只要靜心一想，你會發現很多東西雖然好看，但不一定需要，把心思放在追求欲望的道路上，只會增加自己的煩惱和壓力。放棄追求非必要的物質，讓生活多一點空間，讓自己看清眞正重要的東西，也讓自己找回自我的價值。

④減去拖泥帶水的感情

如果一段感情，明知道沒有結果，就不要再抱有希望，這世上誰都不欠誰的，喜歡就大膽的回應，不喜歡就勇敢放手，沒必要耽誤自己、折磨自己。在生活中，每個人都有自己該專注、該忙碌的事情，不要把時間和精力浪費在不必要的事情和人身上。

生活在步伐快速的世界裡，時常讓我們感到疲憊不堪，在追求和滿足各種慾望的同時，往往使我們失去了內心的平衡。實際上，快樂並不複雜，只是我們選擇了複雜的方式尋找快樂，我們在追求和滿足的過程中，往往因爲複雜而繁瑣的思維方式，錯過了眞正的快樂。

†・†・†・†・†・†・†・†・†・†・†・†・†・†・†・

簡化生活才能豐盈生活，聽從自己內心的眞實需求，能讓你找到眞正的快樂和滿足。

喜歡戀愛的感覺

甚麼是戀愛？

從生理上的角度來說，戀愛時大腦會刺激腎上腺素的分泌，會產生緊張、心跳加速、臉紅、來電的感覺。

每個人對愛情都有著各自的期盼，對許多女生來說，愛情最大的夢想，就是要夠夢幻，夠美好。出現一個能給予自己依靠和安全感的人，能替自己遮風擋雨，不離不棄。隨著年紀與社會閱歷的增長，越來越難找到心動的感覺。事實上，現實生活中並沒有那麼多一見鍾情的瞬間，往往需要透過足夠的觀察和相處來累積。

少女時期的我，也曾經嚮往著能擁有一段像韓劇般夢幻的戀愛，幻想著那個另一半能夠時刻陪在身邊，爲我製造生活中的各種浪漫與驚喜，願意爲我穿外套、綁鞋帶，可以牽著我的手，帶我玩、帶我飛，讓我無時無刻感受到純眞粉嫩的氣色。然而，這種充滿濾鏡的愛情，只有在偶像劇中才會出現。

喜歡的是戀愛的感覺。

這幾年我慢慢察覺到，我喜歡的是戀愛的感覺，而並非某個特別指定的人，我渴望那種激情四射、熱情澎湃、怦然心動的感覺，偶爾牽手、偶爾擁吻，每個在一起的瞬間都能牽動著心弦。

戀愛的感覺總是讓人愉悅無窮，戀愛中的時候，會時常感到興奮和激動，總感覺兩人在一起時能火花四濺，無時無刻充滿著激情、慾望和幸福感，彷彿世界突然停下來，但眼中只看見對方。

對我而言，喜歡戀愛的感覺是一種內在的心理狀態，兩人不需要無時無刻依偎在一起，也不一定要天天見面。有他的時候，你會感覺很美好，他不在的時候，你也可以隨時回到一個人自由自在的狀態，而不是一種刻板的生活模式，把兩個人捆綁在一起，彼此掌控、彼此約束。

拒絕曖昧的關係。

喜歡戀愛的感覺並不代表接受曖昧的行爲，曾經有一位追求者，除了在平日裡百般示好，他也會不自覺地在言語間展示各種挑逗。有一次，我穿了一件短版上衣，他居然毫不避諱地對我說：「你的腰很細，我很想摸一下。」我瞬間凝固在原地，這不是赤裸裸的性騷擾嗎？我當下嚴肅地告訴他，我們不可能有任何發展的空間，而且你這樣的行爲會讓我感到不舒服。結果當天晚上，他傳了一段訊息給我，意思大致是希望能與我保持曖味關係，我果斷拒絕了並把他拉黑。也許，他對我的感覺更多的是慾望上的需要，而那種需要並不是源自於愛情，戀愛的感覺是建立於雙方都有產生愛的前提下，而不是單純的爲了滿足某方面的慾望。

找不到愛情的火花。

然而，每段關係都有它的保鮮期限，當有一天你發現，你無法對另一伴分享內心的眞實感受與情感，無法眞正毫無負擔地敞開心扉，甚至，不想跟他有更深入的親密行爲，也許你們之間已經沒有了熾熱的火花。

在交往初期，我們往往會把自己最美好的一面展現出來，但隨著時間的推移，雙方會慢慢把眞實的一面揭露出來，如果一段感情經常發生需要彼此磨合的狀況，也許這段感情並沒有想像中那般合適。

朋友K的女友在疫情初期被公司解僱了，K除了要照顧她的起居飲食，還要幫忙家裡打掃衛生，甚至她每天吹完頭髮，都會命令K幫她清理乾淨掉落的髮絲，K原本工作就比較繁忙，處理這些事情更讓他忙得不可開交。除此之外，K的女友還會限制他的社交自由，彷彿把他身邊的所有女性當成假想敵，甚至連他在臉書上按讚女性友人的動態，也被視爲是罪大惡極的行爲。K偶爾也會向我抱怨一下，但他始終樂在其中。

對於他的女友，我的感受是，「其實別人根本對你的東西毫無興趣」，她沒必要將自己長期放在緊繃的精神狀態下生活，累人累己。

兩個人相處，一個願打一個願挨，如果兩人都是發自內心地喜歡並享受這種相處模式，那當然沒有問題，但那怕只要有一方不是出於心甘情願，長久下去，終究會有爆發的一天。

現在的我，早已厭倦了在一個人身上耗盡心力的磨合，厭倦了爲一個人失魂落魄、心神恍惚、茶飯不思的狀態。愛情不必小心翼翼，更不是討好，永遠不要抱著想要改變別人的心態，硬是試圖改變對方，最終只會兩敗俱傷。與其依賴一段關係來證明自身的價値，不如把更多的時間和金錢投放在自己身上，多關注自己本身，好好充實自己，培養新的興趣，成爲一個有內涵的人。

卸下偽裝，別再委屈自己

小時候的我，總是害怕得罪別人，總是過得小心翼翼，也不敢拒絕別人，盼望要讓身邊的人都喜歡自己。每個人都希望被喜歡、被接納、被肯定、被讚美、被需要、被寵愛，這些過度的渴望，反而會讓自己的人生窒息。即使擅長示弱的人，也會習慣在他人面前偽裝自己，假裝自己生活過的很好，假裝自己很有實力，假裝自己很有涵養，就是不敢把內心眞實的一面展現出來，然而只有自己知道，這樣的人生一點也不快樂。

然而，偽裝的日子久了，會覺得自己越來越陌生，越來越迷惘，越來越看不見眞實的自己。

朋友M是個不擅於表達情感的人，她很安靜，在人群中沒甚麼存在感，對身邊的人總是唯唯諾諾，不敢說不，害怕惹人討厭，結果總是在生活中吃虧受委屈。M總是習慣僞裝自己的情緒，明明難過壓抑，卻總是面帶微笑地說沒有關係。

人生苦短，何必爲難自己。

每個人都希望被喜歡，這乃是人之常情，但過分在意別人的看法，反而委屈了自己，我們總是習慣把自己最好的一面展現在別人面前，下意識地選擇隱藏眞實的自己，總是在意著別人的目光。

經歷過社會歷練後，才知道不管再怎麼努力討人喜歡，還是會被討厭、被嫌棄、被出賣、被拋棄，別人並不會因爲你的付出和委屈而對你另眼相待，久而久之甚至變成理所當然。所以，你必須學會把善良留給懂得珍惜和善待你的人。

在這個情感複雜的世界裡，許多人在感情中委屈求全，選擇壓抑自己去迎合別人，勉強與性格不合的人相處，結果還是沒能得到對方的垂青，最終反而讓自己處於悲痛當中。

在生活中，人們總是習慣性地委屈自己、勉強自己，認爲這樣是爲了和別人有更好的相處，卻忽略了內心的眞實感受。眞的沒必要犧牲自己的感受，爲難自己取悅他人，只需把自己顧好，順其自然，問心無愧，別再爲他人操心，要時刻把自己放在第一位，不要總覺得自己的意見沒有價值，要勇於表達自我的權益，試著說出內心的想法，每個人都該有愛惜自己的權利。人這一生，把自己的時間和經歷放在自己身上，人生才會有意義。

所以，從今以後我再也不做委屈自己的事情，要把自己放回世界的中心，關注自己內心的眞實感受，輕鬆自在地做自己，做一個讓自己喜歡的人。

我們不需要一輩子戴著厚厚的面具，不需要刻意討別人喜歡，不需要爲了別人一個不經意的眼神、或某句話而妄自菲薄，不需要爲了迎合別人而迷失自我，也沒必要強迫自己活在別人的世界裡。

勇於接受不完美的自己，與其活在看似美好的虛假世界裡，不如坦然面對眞實的自己，做一個讓自己喜歡的人。只要內心夠強大，即使不透過別人的喜歡或愛戴也一樣能自得其樂，一樣能輕鬆自在地過剩下的人生。

同時，也不要去理會那些不能讓自己快樂的人事物，別人不喜歡你沒關係，但你一定要好好愛惜自己，別人不懂你也沒關係，千萬不要爲難自己，因爲這樣不值得。接納不完美的自己，每個人都有優缺點，我們不可能讓全世界都喜歡，取悅自己，才是最愜意的幸福。

愛自己，是生活的本質，
先把自己照顧好，你的世界就會好。

†・†・†・†・†・†・†・†・†・†・†・†・†・†・†・

難過時，要學會撫慰自己，
悲傷時，要學會擁抱自己，
快樂時，要學會犒賞自己。

做真正的自己

做自己，就先要學會了解自己。

在這個眼花繚亂的花花世界裡，人往往很容易隨波逐流，迷失自我。當感到人生迷惘、失去方向的時候，不妨獨自靜下心來，好好面對內心，整理心境，了解自己的真正需要。

人與生俱來就擅長偽裝，而長大後的我們，更不敢輕易在別人面前展示自己真實的一面。我們努力把複雜的人際關係處理好，研究如何更好地與別人溝通相處，卻忽略了自己的真實情感，結果生活過得越來越孤單，越來越不快樂。

只有做眞正的自己，才會快樂。

①忠於內心，堅持自我

每個人都是獨立的個體，都有屬於自己的觀點和想法，所以，不要爲了討好別人而表現出別人喜歡的樣子，或勉強自己做不想做的事情。我們不必過分在意別人的看法，活在別人的標準底下，也不要把快樂寄託在別人身上，而是要忠於自己的內心，勇敢做眞正的自己，過自己想要的人生。

②建立自信

有時候，我會覺得自己一無是處，事事不如別人，總感到自卑、焦慮和沮喪，漸漸失去了自我價值，時常在深夜裡哭泣，哭累了就直接睡去。

後來我跟閨蜜聊天時提起這件事情，她態度誠懇地告訴我：「親愛的，你不夠自信。」

當你變得自信的時候，你會清楚知道自己的價值，懂得欣賞自己的優點和包容自己的缺點，不管是脆弱還是堅強，都能夠坦然面對，並接受自己的不足，然後想辦法克服。

不妨多鼓勵和相信自己，培養良好的心態，保持積極的信念，勇敢且誠實地面對內心的想法，發掘自己與眾不同的一面，自然散發出自信與美麗。

③認清自己的價值觀

女人任何時候都不應該把幸福依附於他人，我們奮鬥努力，是爲了能更自由地支配自己的人生，爲了更好地投資自己，生活不應該是環繞著別人，要多關注自己本身。女人一定要優雅從容，活得漂亮，生活本來就是自我取悅，自我安慰，自我開解，當你學會愛自己，別人才會更愛你，凡事靠自己，風山又水起。

④學習獨處

我很享受獨處的時光，總覺得充滿歡樂。用自己喜歡且舒適的方式跟自己相處，傾聽自己內心的眞實感受，釋放累積已久的壓力，隨心所欲地享受屬於自己的平靜。

每個陽光明媚的早晨，休閒地坐在客廳的沙發上，播放著喜歡的音樂，邊喝花茶邊看書，跟煩囂喧鬧的世界分隔，感受著平靜與安逸。眞想感嘆一句：「一個人待著眞的很美好。」彷彿來到只屬於自己的幸福世界。

⑤自我欣賞

自我欣賞，是一種解決困難和面對挫折的動力，也是一種積極生活的心態。學會自我欣賞，才能讓人生變得精彩，才能讓獨一無二的自己閃閃發光，才能在平凡的生活中發現幸福。我們的成長與進步都源自於自我欣賞，懂得自我欣賞的人，才能被世界喜歡。

愛自己的優點，更要愛自己缺點。

無須妄自菲薄，也不要好高騖遠，只要腳踏實地朝目標的方向努力，做自己是需要足夠的勇氣和能力，表示有能力照顧自己，有能力爲自己的人生負責。

Chpter 3

尋找愛與自信

你的優秀，不需要別人來證明

眞正的自信是發自內在的，不需要透過別人的誇讚、社會的肯定、華麗的頭銜、衆人的愛戴去堆砌呈現。

†．†．†．†．†．†．†．†．†．†．†．†．†．†．†．

童年的成長經歷會直接影響一個人的自信。從小到大，我都是一個非常缺乏自信的女生，總覺得自己各方面都不如別人，長得不夠別人漂亮，頭腦不夠別人聰明，口齒不夠別人伶俐，個性不夠別人討喜。

我的原生家庭比較保守，父母都不太善於用言語去表達對子女的愛和關心，小時候的我，很少得到父母的表揚和讚美。

此外，父母的內心深處依舊懷著傳統社會的觀念，我還在小學的時候，就經常聽到爸媽在討論，將來我們家一定要擁有兩套房子，一套是留給弟弟自住，另一套則是留給弟弟出租出去的，當下我心中不禁疑惑：「那我呢？」

難道在你們的心中就從未有過一個瞬間是爲我擔憂？這個疑問一直伴隨我多年，直到長大後的某一天，我終於忍不住提出這個問題，媽媽的回答是：「你總會找到願意照顧你的人。」

我在想，那如果這個人一直沒有出現呢？

所以，我大概中學時期就意識到未來要靠自己，畢竟我們沒能力打破「嫁出去的女兒，潑出去的水」這個封建的傳統觀念。尤其是女性，一定要靠自己，因爲這世上沒有人有義務照顧你一輩子。要努力以赴讓自己優秀起來，然後驕傲地生活，不要沉溺在安逸裡得過且過，能永遠爲你遮風擋雨的只有自己，只有讓自己強大起來，才能眞正撐起一片天。

許多人認爲，自我增值是爲了要在社會上提高競爭力，爲了爭取更好的工作機會，賺取更高的收入。對我而言，自我增值更像是人生中的一個里程碑，不爲了甚麼，只是單純想要證明自己有能力完成。例如讀大學、考碩士、學習一種新語言，這一切都是爲了讓內在變得豐盈充實，而不是單純的爲了社會競爭，是一種證明自我價值的態度，在每一個小小的里程碑都能獲得滿足和自信。

每個人對成功的定義都有所不同，我們努力以赴的定義，不是一定要多成功或有多大的成就，而是讓你在平凡的日子裡，活得比原來更出色、更耀眼。對我來說，成功的定義就是能夠在生活上、經濟上和情感上都能做到各方面的獨立。

在日常生活裡，可以把自己照顧好，不管發生甚麼，都有條件給予自己足夠的安全感。經濟上有能力自給自足，不需要很富有，但至少不用依附別人過生活。懂得一個人時該如何寵愛自己、取悅自己，喜歡並享受跟自己相處的時光，並且有自己的價值觀和獨立思考的能力，不容易被外界的聲音左右。

†・†・†・†・†・†・†・†・†・†・†・†・†・†

每個女孩，都有自己的了不起。
你的優秀，不需要別人來證明。

渴望被愛、被關懷，差點加入異端邪教

生活在繁忙的大城市裡，也許我們會很容易在路上遇到挨家逐戶傳教的宗教傳道員。我曾經在自家公寓樓裡，多次遇到過耶和華XXX的傳道員。他們通常都是以一副西裝筆挺、彬彬有禮的樣子出現在人們眼前，然後以耐心溫柔的態度向你分享他們的宣傳刊物，並試探性地詢問你：有沒有興趣學習聖經。他們的傳道對象多數以中小學生爲主。

那年的我十五歲，正在讀初中三年級。也許是因爲剛踏入青春期，很多事情開始感覺到迷惘、困惑、無助，又或許是抱著想要認識新朋友的心態，我接受了他們的邀請並開始參加每週的教會聚會。

五年過去，然而在與他們接觸的這段時間裡，我並沒有感覺到他們口中所謂的快樂。

我更多的體會是，他們都是一群自我催眠的宗教狂熱者。除了教義與一般教會不同外，他們甚至還有著一套屬於他們教會的專屬體制和教規。

不使用十字架，

否認三位一體說，

不承認天堂與地獄的存在，

拒絕獻血與輸血，

拒絕服兵役，

拒絕慶祝節日與生日，

不能與教會以外的人交往或結婚，

不鼓勵上大學⋯

除了這些明文的教規，他們還會有一些不明文的限制。例如出席聚會和傳道時，男性須穿著整齊西裝，女性則須穿著及膝洋裝或長裙搭配有袖上衣，不鼓勵從事需要追逐業務或工時較長的工作。

他們經常說：「我們要活在眞理裡。」他們認爲整個世界都是被魔鬼（撒但）所控制，如果沒有按照他們的規則生活，你將被視爲活在眞理外的人，等同與魔鬼同行，他們將會對你採取一系列的抵制行動，被孤立、被絕交、被無視、被忽略、被開除。

據我所觀察和了解，大部分教友都是浸淫在教會多年，有的甚至因爲父母親都是教友的原故，一出生便加入教會。教會成爲了他們的生活軸心，幾乎整個社交圈子都是教友，很多時候他們迫於這些因素承受著巨大壓力，還要努力裝出一副生活得非常快樂的樣子。

另一方面，由於不能與教會以外的人交往，且教會的男女比例嚴重不平衡，所以你會發現，有很多年長的姊妹依舊獨身。她們爲了遵守規定和彰顯對教會的忠誠，強忍著內心深處渴望結婚生子的欲望，一直獨身到最後，然而她們過得並不快樂。

在與他們相處的這五年裡，我並沒有感受到當初所期盼的愛和快樂。反而心中增加了一層束縛，一堆框條把我壓得喘不過氣。我在想，這不是我想要過的人生，也是我這五年裡一直不願意接受洗禮正式入教的原因，後來我便果斷與他們斷絕聯繫與來往。

這段經歷讓我明白，爲甚麼人要接受教育，除了學習知識和人生道理，更重要的是培養獨立思考的能力，時刻保持頭腦清醒，才不容易被操縱，獨立思考是爲了更好的主導自己的人生，而不是被隨波逐流的聲音左右。

擺脫內心的不安

大概從高中開始，我常常很容易感到不安和焦慮，即使是簡單的一段對話，別人不經意的一個眼神，我還是會下意識去解讀對方的含意，擔心自己表現欠佳。

不安感源自於缺乏自信，總是擔心自己不夠優秀、不夠努力，往往期待從別人身上得到鼓勵和肯定，生活總是小心翼翼，害怕被別人看穿，總是想要討人喜歡來掩蓋內在的不安，希望透過別人的喜愛來增加自信，這種態度在不知不覺中耗盡了自己的心力，負面的想法一直在心裡生根發芽。

小時候，因為沒什麼人生經歷，不安似乎從未出現在腦海裡，看著喜歡的動話，吃著喜愛的零食，每天都過得無憂無慮。然而，年紀越大就越發覺得無憂無慮的生活眞的很難，生活的壓力、職場的失意、情感的孤單，這些都能把人壓得喘不過氣，日積月累便開始產生不安，而不安的本質就是害怕，害怕自己被遺忘，害怕自己被討厭，害怕自己能力不足，害怕自己無力面對這個世界。於是，便開始無止境的自我懷疑、自我苛責，胡思亂想一堆沒有營養的事情，把問題都歸咎在自己身上，彷彿不斷在深淵裡徘徊。

我的朋友L，他幾乎一年三百六十五天都處於焦慮狀態，總是杞人憂天、自尋煩惱，擔心當月的薪水不夠花，擔心將來交不到女友，擔心買不起心儀的房子，害怕老了以後沒人照顧。縱使他有著一份穩定的工作、健康的身體、非常疼愛他的父母，生活基本不愁吃穿，但他就是快樂不起來。這一切擔憂與恐懼都源自於缺乏安全感，但這些憂慮對結果完全沒有任何幫助，而且所擔心的事也不一定會發生。

我們常會對未來產生憂慮和不安，這也是一種自然的生存本能。但如果過度關注這種不安感，往往只會帶來無止境的負面情緒，蠶食自己的靈魂，日復一日地把情緒拖進深淵。

每個人看待事情的敏感度都有所不同，只要轉念一想，讓人生不再被這些不安全感所綁架，就能接納眞實的自己，就能清楚了解自己不安焦慮的來源，也是給予自己療癒的機會。

消極的思想往往把我們的情緒擊垮，造成不安，選擇往美好的一面看，所有觀點都會不一樣。嘗試轉移目光，把注意力集中在愉悅的事情上，美味的美食、愛看的連續劇、喜歡的音樂、可愛的寵物、想去的地方。活在當下，把當下過好，未來自然會好。

眞正的安全感是發自內心的，要從自身獲得，只要時刻抱著希望的心態，凡事看美好的一面，幸福感自然會提升，無助和不安也會相對減少。

要學會建立自信，知足常樂，感恩所擁有的一切，對未來抱有信心和希望，相信一切都會朝向美好的方向發展。把自己從焦慮、憂鬱、恐懼、自我否定、自我懷疑的沼澤裡解脫，才能活出快樂自在的人生。

†・†・†・†・†・†・†・†・†・†・†・†・†・

心懷希望，是給予我們面對憂慮、不安和恐懼的動力和勇氣，幫助我們克服困難、療癒傷痛，抱著希望在明天的精神，明天一定會更好。

學會放下，學會愛自己

想起我外婆很喜歡的一首歌《舊夢不須記》，當中一句歌詞十分有同感：「舊事也不須記，事過境遷以後不再提起。」

「放下」這一詞我嘗試領悟了多年，這確實是一項艱巨且困難的任務，在內心轉變的過程中，要有足夠的勇氣和決心才能放下每一件曾經太堅持、太執著的事情。

朋友W十年前曾在一所四星級飯店當工讀生，這段經歷對他來說並不愉快，想當年，他被上司壓榨，還被同事們欺負。前幾天他約我吃飯時，聊著聊著又舊事重提，言語中還是充滿了憤恨，始終對那段經歷耿耿於懷。

也許，那些人對他的名字早已拋諸腦後，但他始終無法放下心中的仇恨，長期處於這種憤恨的狀態，最終痛苦難受的只會是自己，那些被他記恨的人，根本不會知道在世界的某個角落裡，有一個人一直在對他們仇恨和詛咒。

有時候，放過別人也等同放過自己，那些人不過是你人生中的其中一位過客，何必把心思投放在過路人身上，就連讓他佔據你內心的空間也不值得。

無論是過去、現在或未來，壓力、傷痛和困惑往往會讓人深陷其中，無法自拔。放下、釋懷、隨它去，別總是把小事看的太嚴重，也不要爲某句無心之失，或某個小舉動擔憂一整天，每天都是一個全新的開始，要用新鮮的態度面對生活。當不再覺得自己是悲慘的、受委屈的、被孤立的，才不會一直陷入仇恨和自我憐憫的漩渦裡，才能擁有明天會更好的力量。

一位男性朋友B前幾年遇到情困，對方想跟他分手，而B卻不願意接受這個事實，依舊百般示好，甚至糾纏對方。他每天給對方發幾十條訊息，也會到對方工作的地點蹲守，甚至騷擾對方的朋友以此逼迫她復合。他自以爲那是不離不棄的付出，但是對對方而言卻是夢魘般的騷擾。

後來，他慢慢地因愛成恨，覺得一切都是對方的錯，他不甘心付出了那麼多卻得不到回報，於是每天絞盡腦汁想著如何報復對方，他的行爲在旁人眼中與恐怖情人無異，最後也因爲此事無心工作而遭到公司解僱。

人生苦短，在該放下的時候就應該放下，一直追根究底、耿耿於懷，只會讓自己失去更多，與其不斷在痛苦中掙扎煎熬，不如果斷放手，然後重新出發。

這世界人與人之間，你情不一定我願，你的付出也不一定是對方所渴望的，不要只站在自己的角度，覺得付出了就一定要得到對方的感恩答謝，感情從來都不是一加一等於二，斤斤計較的關係終究無法幸福。

要學會淡看人生，我們的生命裡，有很多事情是可以放下的，過去的就讓它過去吧，如果對過去所發生的種種一直耿耿於懷執著不放，只會增加自己痛苦的來源。人的一生中，大部分的痛苦都和過去的傷痛有關，將過去的種種不如意拋諸腦後，不要再讓那些事情爲難自己，阻礙自己前行。現在才是最美的，用力把握住，不要讓自己後悔。

在學會愛別人之前，每個人都該先學習愛自己。

所謂愛自己，就是先把自己照顧好，好好吃飯、好好睡覺，好好運動，好好生活。把注意力專注在自己身上，嘗試有條理的生活。

①好好吃飯

吃東西是一種最簡單可以讓自己快樂的方法，當心情不好的時候，吃是一種自我慰藉，不僅能夠填飽肚子，還能讓我們產生幸福感和滿足感。有研究證明，吃東西能夠有效提高人體多巴胺的分泌，從而增加愉悅的感覺。

然而，隨著生活節奏的加快，吃飯已變成一種例行公事，毫無樂趣可言。我們在吃飯的過程中，不妨用心感受一下食物的美味，在品嚐美味的瞬間，也許會領悟出生活中的樂趣。

②好好睡覺

人生的三分之一都在睡眠中度過，睡覺是何等美好又重要的事情。美國睡眠研究協會建議成年人每晚應睡七小時或以上，才能達到最佳的身心健康，當睡眠足夠時，你會發現第二天醒來時，會感到充滿元氣、更有效率。

好好睡覺的好處：

幫助重整免疫系統、改善新陳代謝，

維持腸道健康，避免心血管疾病，

幫助大腦學習和判斷，改善精神及心理狀態。

所以，即使生活再忙也要好好睡覺喔。

③好好運動

曾經聽過有人說，運動會讓人上癮。當還沒培養運動習慣的時候，總覺得這個說法太不可思議，這麼累人的事情怎麼可能會上癮。

我的美髮師朋友S是個運動愛好者，他的生活非常忙碌，每天工作十個小時，每週只休假一天，但他還是堅持每天早上晨跑和去健身房運動。對他來說，運動就是生命裡的陽光和氧氣，帶來溫暖的同時還能提供養分，能帶給你一整天的好心情，不僅是讓人上癮，還能讓人快樂。

其實運動除了能消脂減重和鍛鍊肌肉，還能減少憂鬱焦慮等心理問題。研究結果顯示，即使是做很少的運動量，也可以爲心理健康帶來正面的影響。

④好好生活

每個人都有自己的目標與追求，有人爲了夢想，有人爲了生活，有的人忙忙碌碌卻不知爲何，人生如夢卻不是夢，雖然有時候會讓人琢磨不透，但還是要認眞面對屬於自己的每一天。偶爾不妨停下來，好好欣賞身邊的一切，好好珍惜每一個瞬間，你會發現生活可以很美好。

演員王丹妮曾經說過一句話：「學會欣賞身邊發生的一切，只要令周遭的人和事都變得正面，那種氛圍就是幸福感。」

這些都是愛自己的體現，角子專欄裡有一句話：「愛自己不僅是傷心時自救的良藥，它更是你這一生會不會幸福的關鍵。」

†·†·†·†·†·†·†·†·†·†·†·†·†·†·†·

學會放下，才能愛自己，
學會愛自己，才能快樂。
當你學會愛自己的時候，
你會發現幸福可以很簡單。

允許內心的脆弱

隨著社交媒體的盛行，很多時候我們在社群上，看到別人關於努力的動態和貼文，大部分都是裝出來的。眞正努力的人，是不會時刻想著要告訴別人自己有多努力，這種自欺欺人的行爲，彷彿是爲了博取別人的稱讚和認可，爲了給自己打雞血。

想起朋友H，他總喜歡在聊天的過程中，有意無意透露出自己每天工作有多努力、多辛酸，即使當下再艱難，他仍依舊刻苦耐勞，努力向上。

其實，他想要的只是一場發洩罷了，想透過告訴別人讓自己明白「我並沒有虛度光陰」。

成人的世界裡，每個人都孤獨地包裹著自己，冷漠地保護著脆弱的內心，就像收起鋒芒的刺猬，找不到自己的存在感和歸屬感。

曾經很長一段時間，我一直處於憂鬱焦慮的狀態，情緒非常波動，總覺得自己不夠毅力，不夠恆心，成功彷彿永遠遙不可及，每天都在懷疑人生。

看到身邊的朋友都擁有屬於自己的一片天，反觀自己卻一成不變、沒有太大成就。我不禁懷疑起自己，是不是你不夠努力？是不是你又想偷懶？爲何不能堅強一點、勇敢一點？我們總是下意識地討厭自己的負面情緒，覺得一切的不幸都是源自於自己的脆弱，沒辦法勇敢坦然面對自己的眞實感受。

直到半年前，我才眞正明白讓自己快樂的含意，人生總是充滿著悲歡離合，但我們不能完全被負面情緒操控，要有自己的態度，要學會給自己製造快樂，製造希望，要成爲能給自己療癒的人。

在挫敗中尋找前進的力量，從而變得堅強。

脆弱是人們在面對挫折、失敗或迷惘時，所產生的深刻恐懼和不安全感，是心靈上的一種壓力反應，但其實脆弱還有一個重要的功能，就是讓人面對眞實的自己。

在失意難過的時候，不要試著躲避或隱藏自己的悲傷，壓抑並不是解決問題的方法，允許自己偶爾脆弱，偶爾傷感，偶爾流淚，利用願意往前的意志找回自己的正面情緒與能量。人生走過的每一種挫折與失敗，都能成爲自己前進的力量，從而讓自己變得堅強。

闖出屬於自己的一片天。

人們往往在生活感到迷惘時，始終無法做到隨遇而安，總覺得得不到一個結果就無法前進，沮喪和不安牽動著我們的情緒。這時，順其自然就是最好的選擇，不要一直糾結在該問題上，去做一些能讓自己變得優秀的事情，振作起來，好好生活。

別人能給予的安慰始終有限，要做到眞正的改變，還得靠自身努力，吸收經驗，允許我們讓自己脆弱，在失敗時不倒下、不放棄，從錯誤中學習並成長，讓自己堅強起來，讓自己有力量去接納和克服一切難關。

人生只要敢拼搏、敢去闖，總能闖出屬於自己的一片天，不要懷疑也不用畏懼，路是靠自己一步一步走出來的，無論是陽光普照，還是風吹雨打，都能成爲滋養人生的養分，就在於自己怎麼去看待。

拒絕虛情假意

生活過得是否快樂，除了取決於自己的心態，還有與他人的人際關係，長期處於不自在的人際關係中委曲求全，只會讓你陷入負能量的惡性循環中，慢慢被拉進深淵。

我的個性比較內向，除非是自己有強烈好感的人，不然很少主動出擊去認識，所以我一直很珍惜交到的每一個朋友，即使並非每個都是志同道合，爲了增加好感度，我都願意配合對方，生怕失去這段友誼。社會上虛情假意的人實在太多，總會有一些人與你來往是出於利益，是另有所圖，當目的達到後就毫不猶豫地把你拋棄。

有一個小學曾經同班過的同學，多年以來一直沒有聯絡，突然有一天接到她的電話，我起初還很開心，她怎麼那麼有心想起要找我聊天，結果聊著聊著她突然話題一轉，問我有沒有興趣給自己投資一份全方位的保單，我想了一下，最後還是拒絕了。有些人，你把他當朋友，他卻把你當人脈，這世上，很多事情都是看破不說破，不是不懂得權衡利弊，而是希望給對方留點顏面。

最近這幾年，每隔一段時間就會收到一些多年沒聯絡的朋友的訊息，不是向你推銷保險，就是打探你的近況，有困難時想到跟你熟絡，沒事時把你拋之腦後。與其陷入這種複雜的人際關係中，不如遠離虛偽的人，把時間留給真心對待你的人，生活才會充滿陽光和溫暖。

面對虛情假意的人，我們不需要太在乎，也不需要揭穿，只要調整好自己的心態，別再將時間浪費在這些虛假的感情上，才不至於自尋煩惱。

P與我成爲好友多年，我們見證過彼此很多重要時刻，也陪伴對方走過人生的高山低谷，一起度過無數段難忘的時光。平日裡我們都各自忙碌，幾個月甚至半年才會見面一次，但這絲毫不會影響我們的感情，每次見面總會有聊不盡的話題，時間和距離並沒有讓彼此產生隔閡，反而讓我們更懂得珍惜在一起時的珍貴。

眞心的朋友，不會因爲時間而生疏，也不會因爲距離而疏遠，更不會因爲你的成功而嫉妒，不一定事事打擾，但總會時刻想念，無論是喜怒哀樂，還是困難無助，都願意默默陪伴，互相關懷，願意成爲對方的後盾。我不是在最好的時光有了你，而是有了你，我們才有了最美好的時光。

生活也許很疲憊，日子也許很困難，很多時候，我們都是扛著壓力，忍著痛苦，在眞心的朋友面前，可以卸下面具放下僞裝，不用擔心被揭穿，也不用害怕被嘲笑。每個人都會遇到性格不同的人，然而正是這種性格不同，才會帶給自己不一樣的友情意義。

社會上，利益混雜，眞假難辨，要找到眞誠相待的人並不容易。有些人，表面對你友好，暗地裡卻把你算計，表面對你熱情，轉身卻冷酷無情。虛僞的人就像你的影子，當你處在陽光底下，它會緊緊跟著你，你一旦走入陰暗處，它便立刻離開你。

†・†・†・†・†・†・†・†・†・†・†・†・†・†・

時間很寶貴，不要把生命浪費在那些虛情假意的人身上，也別再浪費時間在他人身上尋找幸福，因爲這樣的幸福根本不存在。

享受獨處的時光

小時候不懂獨處的好處，總希望身邊有人陪伴，總要一群朋友聚在一起，如果身旁沒人陪伴總覺得惶恐不安，好像缺少了甚麼。

所謂獨處，並不是獨自搬到深山與世隔絕的地方，也不是要從此成爲邊緣人。更多的是，給自己一個機會擁有完全屬於自己的時間，重新去了解自己，發現並正視自己內心深處眞實的需求，滿足自己所渴望得到的快樂，是愛惜自己、寵愛自己的一種表現。

不知道從何時開始，我越來越享受獨處的時光。一個人吃飯、一個人看書、一個人在家、一個人逛街、一個人隨心所欲，不必考慮別人的意見，不必在乎別人的態度和看法，也不必配合和滿足別人的需求。自己一個人隨心所欲，有足夠的時間豐富自己的內心世界，傾聽內心的聲音，好好自我反省、自我覺察，好好與自己溝通交流，挖掘內心的快樂，獨處帶給我的體悟，就是越來越懂得選擇適合自己的生活。

享受獨處的首要條件是，你需要擁有一個完全屬於自己的空間，只屬於自己一個人的獨立世界。在這個空間裡，不需要理會任何人，不必擔心被打擾，可以完全放鬆，可以毫無保留地做自己，隨心所欲盡情做自己喜歡的事情，可以把身心靈的壓力完全釋放。

對於個性內向的我來說，擁有完全屬於自己的獨立空間的需求特別強烈，因爲更多的時候，這個空間能給予我足夠的安全感和幸福感。而我的房子完美呈現了我的內心世界，裝潢風格與家具以簡約爲主，有我喜歡的小盆栽作點綴，到處放著與家人朋友和寵物的合照，小部分有意義的旅行紀念品，還有我是一個極度需要陽光的人，大大的落地玻璃窗必不可少。

每當置身其中，都會感到心情份外開朗，到處佈滿了自己喜歡的東西，無時無刻都能讓我處於舒服放鬆的狀態。

†・†・†・†・†・†・†・†・†・†・†・†・†・†・†・†・

擁有一個屬於自己獨立的空間，就是擁有一個讓你內心踏實的歸宿。

†・†・†・†・†・†・†・†・†・†・†・†・†・†・†・†・

學會享受獨處，你就能更愛自己。

獨處並不等於寂寞，獨處意謂著擁有屬於自己的自由，不用爲了迎合別人，而勉強自己去做不喜歡的事情，也不用放棄追求想要的生活。在現實生活中，獨處更是一個人自我療癒的過程，你往往能在獨處時找到最舒服、最自在的生活方式。

人的年紀越大，就越是身不由己，總是要在意別人的目光，要思前慮後。只有一個人的時候，可以不用受外在影響，可以不用顧慮任何人，可以拋開生活的煩惱，可以好好思考自己想要甚麼，在乎甚麼，深入了解自己內心深處的需求，可以找到一個獨立思考的空間，釐清煩亂的思緒，讓自己回歸眞實的模樣。

這幾年，獨處已經成爲我生活中不可或缺的一部分，可以讓我心情愉悅地做自己喜歡的事情，讓我疲憊的內心遠離塵世的喧囂與繁華，找一個寧靜的空間，不被打擾，隨心所欲，可以讓我好好放鬆和沉思，回歸自我，同時也能幫助我保持心境的平靜，消化日常生活的各種壓力。

幸福感源自於豐富而強大的內心世界，而並非處在衆人當中。

以前常聽到有人說「活在自己的世界裡」的人好孤癖好奇怪，好像跟別人格格不入，總帶有一絲貶義的意謂。長大後的我越發覺得，人就是要活在自己的世界裡才會快樂，每個人都是獨立的個體，都是自己人生的主角，我們爲甚麼要活在別人的世界裡，日常生活迫於各種壓力和需要，我們總是隨波逐流、身不由己。唯有獨處的時候，能夠好好生活在自己的世界裡，遵從自己的步伐，好好享受一個人的時光，更好地享受屬於自己的生活。

如今的我，不再願意讓別人胡亂擾亂自己的生活，人生更重要的是懂得如何好好跟自己相處。

†·†·†·†·†·†·†·†·†·†·†·†·†·

當你學會享受獨處的快樂，就能體會當中的幸福，好好享受屬於自己一個人的時光吧。

即使一個人，也可以很美好

我有一位五十多歲的阿姨朋友，幾年前她先生因病去世，她跟先生有一個兒子原本生活在一起，但兒子結婚後便搬了出去。她起初覺得很焦慮，很徬徨，一輩子都沒有獨自生活過的她，每天都活在孤單與憂鬱之中以淚洗臉，一度不知道接下來的日子該怎麼辦。

後來，在親朋好友的鼓勵下，她重新振作，鼓起勇氣嘗試一個人生活，重新學習上網繳交水電費及辦理各項業務，一個人逛賣場，一個人去散步，如今的她反而很享受這種生活模式。以前，她每天必須按時爲家人準備一日三餐，還要打理家中大小事務，想出門去個小旅行還得經過丈夫同意，完全沒有屬於自己的私人時間。

有一次跟她聊天，她對我說，現在的她才是最美的，有時間逛街，給自己梳妝打扮，也可以到美容院保養皮膚享受芳療，還能自己決定去喜歡的國家購物旅行。現在，她每天都神采飛揚，容光煥發，她發現原來一個人的日子也可以過得很充實、很美好，她很享受這樣的生活，也很喜歡這樣的自己。

其實一個人生活並不可怕，只要你懂得找到快樂的根源，懂得取悅自己，找到跟自己相處的樂趣。

年紀小的時候，總覺得一個人生活是一件很艱苦的事情，不管大事小事都必須靠自己獨力處理，沒有人可以依靠，總感覺這樣的人生好累。

高中畢業那年，我決定出國讀大學，到了一個全新的城市，陌生的環境，沒有家人、沒有朋友，一切從零開始，甚麼都必須重新適應，內心的不安與孤獨感洶湧而上。一開始總覺得很難堅持下去，後來慢慢開始學會了自我應付、自我安撫、自我取悅的能力。我開始接納自己當下的狀態，自律地生活，照顧好自己的生活起居，處理好學業，享受屬於自己的時間。

把一個人的生活過好，同時亦意謂著有能力把自己照顧好。

對於現在的我而言，一個人的時候是一種很輕鬆自在的狀態，可以隨心所欲，不必配合別人，也不會因此而感到空虛寂寞冷。而習慣一個人並不代表不需要社交，更多的是一種自我肯定，不會想著去依靠別人，即使一個人也能找到屬於自己的幸福。這段時間，我開始學習新的事物，嘗試新的生活方式，開始寫作，開始旅行，我領悟到，生活中有太多的美好等待著我去發現、去體會，人生不再因爲一個人而感到孤單，而是開始變得豐富多彩。

一直以來，幸福都不是靠別人給予的，而是要自己創造的，不要再等待那個能滋養我們內心的人，而是要積極地尋找自我滋養的方法，並將它慢慢實現。

不管未來的日子如何，不管身邊發生甚麼、經歷甚麼，都該把自己的日子過好，只有自己才是那個陪伴自己到最後的人。

生命是人的本質，也許歷經了浮華，才會認清自己的身心才是最重要的，人追求物質都是爲了得到身心富足，前提是要維持一個良好的狀態。人的一生，把自己照顧好比一切都重要，好好愛自己，才能在平凡的生活中，找到甜蜜的幸福感。

在奮鬥努力的同時，也要懂得關心自己的身體，不要爲了物質生活不停熬夜消耗健康，要先把自己照顧好，才有足夠的能量去追求想要的生活。

我理想中想要過的生活，就是每天清晨，躺在溫暖且舒服的被窩裡，獨自享受那份安逸的寧靜，然後休閒地爲自己準備一份簡單且健康的早餐，看著窗外緩緩亮起的世界，邊吃邊享受著陽光帶來的溫暖，那份內心的平靜，讓我更眞實地面對自己。吃飽後，跟家裡可愛的貓咪互動一下，偶爾看看喜歡的書，下午有閒情的時候，會去漂亮的咖啡店，點一份精緻的咖啡和蛋糕，坐在窗邊，看著外面人來人往的繁囂，然後沉浸在自己的思緒中，那個只屬於自己的世界。偶爾逛一下賣場，買點想吃的零食、水果和家居用品。晚餐過後，抱著可愛的貓咪一起看電視，睡前好好泡個芳療熱水澡，然後保養護理一番。

†・†・†・†・†・†・†・†・†・†・†・†・†・†・†・

一個人生活，不僅能夠讓你學習如何照顧自己、寵愛自己、爲自己做決定、克服恐懼，更能找到自己內心眞正渴望的東西。

自信的女人永遠最美

一個缺乏自信的女人，永遠不會有吸引別人的魅力。

對於女性而言，最重要的不是外貌，而是那份從骨子裡散發出來的自信，一個優雅自信的女人與年齡無關，不會畏懼年華的逝去，那份從內而外散發出來的優雅氣質與魅力，就是行走江湖的武器。

具備自信且有魅力的同時，首先要在各方面擁有足夠的獨立。生活上，要有把生活打理好，把自己照顧好的能力，經濟上，要擁有屬於自己的事業，能夠養活自己，不用依賴他人過生活，情感上，有明確的觀點和原則，思想方面，則是能獨立思考，有自己的價值觀和人生觀，勇敢展現自己的個性，不用受到矜持的束縛和壓抑，能夠在眾人面前自然地展現自信迷人的魅力，才能活出自己最美的樣子。

如果一個女人缺乏自信，也不要期望別人會另眼相待。所以，女人必須擁有自信，懂得欣賞自己的優點，肯定自己的價值，保持積極正面的心態，讓生活充滿朝氣，才會得到別人的關注和欣賞。

培養自信必須從談吐舉止開始。

①時刻保持優雅

任何年代，優雅都是一種美的象徵，在優雅面前，女人變得有韻味，有氣質，優雅的女人無論身在何處，都會成爲矚目的焦點。從氣質、體態、神韻等方面塑造女性的優雅，從品味、修養、智慧等方面塑造女性的高貴，在舉手投足間，自然而然散發出女性迷人的魅力。

②培養氣質

所謂氣質，就是對自己充滿自信的一種表現，了解自己的優點和缺點，不管在任何場合都能展現出輕鬆優雅的態度。外貌雖是天生的，但氣質卻是後天培養的，只要有足夠自信的態度，就能成爲一個充滿氣質與魅力的女人。

③眼神直視前方

在人際互動過程中，持續的眼神接觸可以突顯自信，不要眼神閃爍，培養眼睛前視對方的習慣，良好的眼神接觸可以展示出你對對方的尊重，同時也能表現出放鬆從容的態度。

④抬頭挺胸

落落大方，是一個女人面對生活最好的態度，相信自己是獨一無二的，然後挺起胸膛，優雅大方自信地展示在衆人面前，沉著冷靜，不驕不躁，自信滿滿地做每一件事情。

⑤不要手足無措

手足無措是神經緊張的明顯標誌，雙手動作容易出賣一個人的內心感受，避免身體過多的小動作，努力保持手勢平靜，學會把外表、內涵和肢體語言融合爲一，在不經意的舉手投足間，呈現出優雅自然的魅力。

⑥展現個人涵養

不管遇到甚麼狀況，都要保持著理性的態度，淡定不慌亂，善於站在別人的角度觀察、思考、看問題，懂得尊重別人，同時也能認淸自己的不足和侷限。此外，還要不斷自我增値和提升，多了解、多學習、多見世面，增廣見聞，拓廣知識領域，生命雖有盡頭，但成長是永無止境，學習就是爲了豐富內心的心靈。要時刻心懷感恩，才會懂得珍惜與尊重，才會感受到人世間的美好。

自信的女人永遠最美，不僅能從內而外散發出迷人的魅力，同時也讓自己變得更優秀，因爲有了自信，總能坦然地面對甜酸苦辣的人生，卽使遇到破敗或殘缺，也不會失去努力奮鬥、積極向前的動力。

†·†·†·†·†·†·†·†·†·†·†·†·†·

自信的氣質如同盛開在心靈上的花朵，在陽光和雨露的滋養下，永不枯萎凋零，不管季節如何變化，始終散發著迷人的幽香，淸新淡雅，滋潤著我們的心靈。

成為自己想成為的人

作家角子曾經寫道：「你的自信，就是你生命中最強大的武器，你將再也無所畏懼，因爲你知道，就算再跌跤，你也一定可以再靠自己站起來，就算你失去一切，你也還擁有，對自己最珍貴的愛。」

某次跟一位朋友聊起理想，朋友C從小就是個缺乏自信和主見的人，不管大小事都需要家人給予建議和誇讚，報考哪一所學校，選擇哪一個科系，找甚麼類型的工作，工作地點在哪個區等等。

C家住台北，他在機緣巧合下找到了一份在桃園上班的工作，他的母親得知後非常反對，千方百計勸他換工作，建議他選擇距離家較近的公司。此外，C的自尊心很強，無時無刻都需要得到別人的認同和誇讚，時刻希望別人給他打雞血，但C的學習能力不是很好，導致他的每一份工作都沒有得到晉升的機會。他時常處於低潮沮喪的狀態，談起理想這個話題，他說早就忘了，也許也不曾有過。

因爲自身條件有限，也只能將就地過日子，唸一所差不多的學校，找一份差不多的工作，過一個差不多的人生，所謂的理想，早已煙消雲散。其實C並不是沒有嘗試改變的機會，只是因爲多年來的懦弱，導致他沒有勇氣踏出第一步。

很多事情，只有當你嘗試過，你才能更確信自己眞正想要的是甚麼，而不嘗試，只會在原地糾結。人生最可悲的事情不是丟棄了理想，而是明明有實現理想的機會，卻沒勇氣嘗試。成功的人與失敗的人的差別在於，成功的人始終堅信自己會成功，而失敗的人則是心裡早已認定自己會失敗。

人們普遍認爲自己的人生被現實所束縛，其實這世上，生活的決定權一直都掌握在自己手裡，只是自己缺乏行動而已。

人生中有一種痛苦，就是勉強自己。

有許多人，明明不喜歡現在的生活狀態，卻要勉強自己堅持下去，放棄自己的夢想，離理想越來越遠，最後甚至變成了自己討厭的樣子。

在我們成長的路途上，無論經歷了甚麼，都要時刻提醒自己專注在人生最珍視的事情上，即使生活再忙碌，也要知道自己努力奮鬥的意義，不要因爲別人而失去自我，失去方向。傾聽自己內心的眞實想法，才能眞正活出自己理想的人生。

在過去的日子裡，我普通得不能再普通，生活沒有小時候想像的那般美好，也沒有成爲原本以爲會閃閃發亮的人，依舊還是會脆弱，會難過，會崩潰。

決定寫書的那一刻，我不敢告訴身邊的人，怕別人不理解，怕被看輕，被嘲笑。也許有些人會覺得我的行爲很幼稚，很任性，很不切實際，到這把年紀了才開始寫作，安分守己過著朝九晚五的上班族生活不是很好嗎？爲何還要多此一舉？

我還是決定忠於自我，做自己眞正想做的事情，實現自己的夢想，這才是我想要過的生活，才不枉此生。人生是自己的，不要總是活在別人的標準底下，要爲自己而活，人生中最有價值的付出，就是爲能夠過上自己喜歡的生活而努力奮鬥。

二零二三年，我做了夢寐以求的魔滴手術，也在這年的最後一天，完成了多年以來的寫作夢想，這一年，我過得很快樂、很滿足。眼看一切所期盼的，一步一步付諸行動並將它慢慢變爲現實，每一個實現的瞬間都讓我無比興奮和感動。

人生在世，快樂很重要，要選擇自己喜歡的事情、喜歡的朋友、喜歡的環境、喜歡的生活，以最佳的心態體驗生命的美好，努力讓自己成爲想成爲的人。

†·†·†·†·†·†·†·†·†·†·†·†·†·†·†·

眞正快樂的關鍵，就是要有明確的目標，知道自己想要甚麼。

世上最美好的事情，就是能夠以自己喜歡的方式度過人生。

後記

在爸爸去世的那年，我和媽媽都患上了不同程度的抑鬱，那段時間，我們每天都會陷入負面思想的迴圈，整天處於恐懼不安、悲傷無助、情緒低落的狀態，晚上更是長期失眠，那種絕望的感覺無時無刻無處不在，一度要依靠藥物才能維持正常生活。

那一年，我辭掉工作，專心一意地陪伴在媽媽身邊，盡量減少彼此獨處的機會，試著用積極正面的態度幫助彼此走出困境，盡最大能力給予媽媽關懷和力量。然而，我慢慢意識到，我並沒有表面看起來那般堅強樂觀。也許爸爸的離去對我打擊很大，彷彿瞬間失去了精神支柱和依靠，同時也失去了生活下去的勇氣和希望，每當夜闌人靜的時候，內心的悲傷與絕望總是洶湧而上、無法自拔。

後來，我花了很長一段時間研究快樂這個課題，希望藉此可以從憂鬱壓抑的狀態中解脫，走向陽光的人生。在研究的過程中，我發現快樂對人生而言，就像是生命裡的陽光和氧氣，帶來溫暖的同時還能提供養分，時刻滋養著我們的內心，是精神上的一種愉悅，心靈上的一種滿足，是從內而外沉澱在內心最眞實的一種踏實。

快樂能讓人變得美麗健康、豁然開朗，樂觀的心境能把籠罩著內心的陰霾散去，更重要的是，在人生這個過程中，快樂與否往往決定著我們的人生品質。

寫給去世父親的一封信

最親愛的爸爸：

您在天堂裡過得好嗎？快樂嗎？距離您的離去已經過去九年，我過了九個沒有您的春夏秋冬，也過了很多個您缺席的重要時刻。

沒有您的這段日子裡，我大學畢業了，考上碩士了，弟弟結婚了，您的孫女出生了。我很努力地學習，很努力地工作，很努力負起長女的責任，照顧媽媽和家庭，在沒有您的日子裡，我們都很努力地生活。我很勇敢，至少我沒有在媽媽面前表現過脆弱，沒有在她面前哭過。

曾聽過有人說，親人離世的前五年是最難熬的時刻，隨著時間的推移，難過的感覺也就沒那麼強烈。但每當夜闌人靜的時候，我總會想起您，想起您對我們的愛，想起我們一起生活的點點滴滴，這一切都勾起了我對您無盡的思念。人生有太多的後悔和遺憾，後悔我們沒有一家人去過旅行，後悔我們沒有拍下一張全家福，後悔我們沒有爲您正式的慶祝過生日。

曾經有一段時間我很自責，後悔對您不夠體貼，後悔沒有把您照顧好，後悔沒有更多陪伴您。我曾對上帝許願，希望用我的生命換取您回來，然而我知道這根本是天馬行空，自欺欺人罷了。

我知道您是個很堅強的人，從小到大都沒有看到過您哭，唯一的一次是您臨終前幾天，您說您不是害怕死亡，而是擔心去世後我和弟弟不聽媽媽的話。那個場景，我到現在還歷歷在目。

感謝您多年以來對這個家無私的愛與奉獻，盼望您能在另一個世界幸福快樂地生活，不必再經歷病痛的煎熬。我們會努力堅強地生活下去，您在天堂裡不用掛心。祝願 您在天堂幸福安康！

永遠愛您的女兒敬上

國家圖書館出版品預行編目資料

其實我可以很快樂／洛小喬著. --初版.--臺中市：白象文化事業有限公司，2024.4
面； 公分
ISBN 978-626-364-284-3（平裝）
1.CST: 自我實現 2.CST: 人生哲學 3.CST: 生活指導
177.2 113002159

其實我可以很快樂

作　　者　洛小喬
校　　對　洛小喬
發 行 人　張輝潭
出版發行　白象文化事業有限公司
412台中市大里區科技路1號8樓之2（台中軟體園區）
出版專線：（04）2496-5995　傳真：（04）2496-9901
401台中市東區和平街228巷44號（經銷部）
購書專線：（04）2220-8589　傳真：（04）2220-8505
專案主編　陳媁婷
出版編印　林榮威、陳逸儒、黃麗穎、水邊、陳媁婷、李婕、林金郎
設計創意　張禮南、何佳諠
經紀企劃　張輝潭、徐錦淳、林尉儒
經銷推廣　李莉吟、莊博亞、劉育姍、林政泓
行銷宣傳　黃姿虹、沈若瑜
營運管理　曾千熏、羅禎琳
印　　刷　基盛印刷工場
初版一刷　2024年4月
定　　價　280元